ÉDUCATION DES ENFANTS

THÉORIE
DE
L'ÉDUCATION

PAR

Mme C. de M...

TOULOUSE
IMPRIMERIE ET LIBRAIRIE ÉDOUARD PRIVAT
45, RUE DES TOURNEURS, 45

1901

THÉORIE
DE
L'ÉDUCATION

ARCHEVÊCHÉ DE TOULOUSE

Fruit d'une aimable sagesse, ces pages sur l'Education me paraissent très sagement pensées et agréablement écrites. Elles renferment des observations justes et fines, toujours judicieuses et délicates ; elles sont souvent suggestives et parfois profondes.

L. MAISONNEUVE.

Toulouse, 24 novembre 1900.

Vu et permis d'imprimer :

✞ JEAN-AUGUSTIN,

Archevêque de Toulouse.

ÉDUCATION DES ENFANTS

THÉORIE
DE
L'ÉDUCATION

PAR

Mme C. de M...

TOULOUSE
IMPRIMERIE ET LIBRAIRIE ÉDOUARD PRIVAT
45, RUE DES TOURNEURS, 45

1901

AVANT-PROPOS

Ces quelques pages sont le résumé d'un recueil déjà publié. Nous leur avons donné la forme interrogative pour en rendre l'étude plus facile à une nouvelle catégorie de lectrices que nous avons eu plus particulièrement en vue. Il nous a semblé que dans l'éducation des enfants, dont on s'occupe aujourd'hui plus que jamais, il y avait une lacune regrettable : les bonnes chargées de cette première éducation n'en comprennent pas l'importance et n'ont pas les connaissances nécessaires pour s'acquitter avec succès de leur tâche. Maintenant qu'elles apprennent toutes à lire et à écrire, on pourrait, avec un peu de soin, les former à la politesse, aux convenances, et principalement leur inspirer le désir d'être utiles aux enfants, de leur faire du bien. Elles s'intéresseraient ainsi aux progrès de leurs élèves, s'attacheraient à eux, ce qui serait bon, avantageux et surtout moral pour elles autant que pour les enfants. Nous leur donnons quelques avis dans le but de venir en aide à leur bonne volonté.

THÉORIE DE L'ÉDUCATION

Importance de la première éducation.

A quel âge doit-on commencer l'éducation des enfants?

Dans le premier âge. Il faut prendre l'enfant au berceau.

L'enfant est-il alors capable d'attention?

Oui; ce qui le prouve, c'est la promptitude et la facilité avec laquelle il apprend à parler.

Comment doit-on traiter un enfant?

Avec un religieux respect.

Pourquoi?

Parce que les enfants sont purs et innocents comme des anges.

Qu'est-ce qu'on ne doit pas cependant oublier?

Que par leur nature ils sont enclins au mal.

Cette pensée vous rendra l'indulgence et la patience faciles.

Pour former un enfant, par quoi devez-vous commencer?

Par vous former vous-même en étudiant vos devoirs.

Les parents ne donnent-ils pas à une bonne une grande marque de confiance en lui donnant la garde de leurs enfants?

Ils partagent avec elle l'honneur et le devoir de les former à la vertu; ils lui confient leur trésor le plus précieux.

De quelles paroles une bonne doit-elle toujours se souvenir?

De ces paroles de Notre-Seigneur : *Laissez venir à moi les petits enfants.*

Dans les soins qu'elle donne aux enfants, une bonne doit-elle se conformer à la volonté des parents?

Elle doit s'y conformer avec une exactitude scrupuleuse.

Doit-elle veiller sur eux avec sollicitude?

Oui; elle ne doit pas oublier que la moindre négligence peut leur être préjudiciable. Leur corps est délicat; ils ne connaissent pas le danger, il faut prévoir pour eux.

A quoi doit-elle s'assujettir?

A régler avec soin tout ce qui les regarde : la nourriture, le sommeil ; à veiller sur leurs mœurs dès le plus bas âge ; que, grâce à elle, ils vivent dans l'*ordre* et y soient maintenus.

Peut-on influer sur les sentiments des petits enfants?

Oui, on le peut facilement. S'ils ne comprennent pas les mots dont on se sert, ils comprennent l'expression du son de voix, du geste. On peut leur donner l'inclination de ce qui est bien et l'aversion de ce qui est mal en témoignant de la sympathie pour ce qui est doux, bon, et de l'éloignement pour la violence, la colère.

Le souvenir de ces premières impressions se conserve-t-il?

Oui, il se conserve jusque dans un âge avancé.

Est-il bien important de soigner l'éducation du premier âge?

Oui ; en toute chose, tout dépend des principes. La première éducation est le fond, la base de tout ce qui recevra plus tard son développement dans l'éducation la plus avancée.

Qu'arrive-t-il si on néglige cette première éducation?

Les mauvaises maximes entrent dans l'esprit des enfants, d'où il est difficile de les chasser. Il vaut beaucoup mieux prévenir le mal.

Premières impressions.

A tout âge, quel est le meilleur moyen d'affaiblir les mauvais penchants?

C'est de donner un continuel exercice aux autres. Surmontez le mal pour le bien.

En quoi la première année de l'enfant a-t-elle de l'importance pour l'éducation?

En ce que c'est alors qu'on a le plus de chance d'influer sur son caractère.

Quelles sont les dispositions les plus importantes à cultiver?

Le calme intérieur, la bienveillance.

Comment le calme intérieur se produit-il?

Il se produit au moyen du calme extérieur, et, pour cette raison entre mille, il est très nécessaire d'épargner les pleurs aux petits enfants. Le plus sûr pour une mère vigilante, c'est de supposer toujours que les pleurs sont motivés; les petits enfants, quoi qu'on dise, n'ont pas de caprices. Un espoir déçu, une souffrance sentie ou prévue sont presque toujours cause de leur cris.

Les mécomptes ne leur sont-ils pas extrêmement sensibles?

C'est là la source de leurs larmes amères; aussi faut-il les leur éviter. Il convient de les tenir à l'abri des grandes émotions, fussent-elles agréables. Ce sera, par conséquent, une attention salutaire que de ne pas leur laisser voir les préparatifs de leurs repas.

La disposition à la sérénité se trouve-t-elle toujours dans le premier âge?

Oui, si nous ne la troublons pas.

Ne commet-on pas des fautes sous ce rapport?

Nous agitons trop les enfants : nous croyons devoir donner trop de distractions aux nouveau-nés. La joie immodérée ne leur est pas bonne. Plus un enfant a eu de sérénité, plus il en aura.

Quel est le résultat de l'influence trop continue que nous exerçons sur les petits enfants?

Il en résulte pour eux une inquiétude fatigante; cette impatience, ce trouble intérieur qui nuisent à tout; un état d'irritation mauvais pour la santé même.

A six mois, quelle est la situation la plus heureuse pour un enfant?

C'est d'être à demi-couché dans son berceau où il joue avec ses petites mains.

Comment peut-on l'habituer à rester assis sur un tapis?

En s'asseyant à côté de lui pour le faire jouer; tandis qu'il s'amuse, vous pouvez prendre votre ouvrage. Un regard, un sourire suffisent pour qu'il se trouve protégé; ne le quittez pas, s'il se sentait isolé, il pleurerait et ne voudrait plus que rester sur vos genoux.

Doit-on chercher à exciter la vivacité des petits enfants?

Non; les mères jouent trop avec leurs enfants dans la première époque de la vie; elles excitent trop tôt leur vivacité.

N'est-on pas quelquefois obligé de distraire et d'agiter les enfants?

On y est obligé quand ils sont souffrants; on reprend ensuite les habitudes. Tout est important dans l'éducation et rien n'est irréparable.

Après la sérénité, quelle disposition précieuse doit-on favoriser?

La bienveillance. C'est suivre une indication de la Providence que d'ouvrir le cœur de l'enfant aux douces affections.

La bienveillance ne rend-elle pas heureuse celui qui en est pénétré?

Elle le rend heureux et l'expression du contentement se lit déjà dans ses traits.

La bienveillance ne gagne-t-elle pas le cœur?

Elle le gagne infailliblement et pourrait remplacer les cent mille règles de la politesse.

Est-il donc essentiel de faire éprouver à l'enfant l'influence des sentiments tendres?

Oui, autant que de le soustraire à celle des sentiments haineux et malveillants.

Qu'est-ce qu'il est bien mal entendu de faire avec les petits enfants?

De leur donner des idées de vengeance en frappant les objets qui les ont blessés, en leur disant des injures.

Qu'est-ce qu'il est encore important?

C'est d'éviter qu'aucun acte d'impatience ou de colère, aucun accent aigre, aucun regard farouche ne viennent frapper les sens des plus petits enfants. En les entourant de visages riants, d'expressions de douceur et de bienveillance, on leur communique bientôt des sentiments affectueux.

Quel moyen prendre pour cultiver les dispositions heureuses ?

Le premier, qui regarde le calme, et ce calme mêlé de joie, appelé sérénité, consiste à faire régner la paix autour de l'enfant et, s'il se peut, à l'environner d'objets agréables et tranquilles. Le second, à ne placer autour de lui que des personnes chez lesquelles les dispositions qu'on veut faire naître existent sincèrement ; je dis sincèrement, car l'affectation est ici parfaitement inutile. Rien n'égale la froideur des enfants pour les démonstrations hypocrites, si ce n'est leur sympathie pour les mouvements naturels.

Dispositions à cultiver.

Lorsque l'attention de l'enfant paraît captivée par quelque objet, est-il bon de l'en distraire ?

Non ; tout ce qui excite son intérêt, ou devient un sujet d'observation, sert à son développement.

Dans ce but, doit-on chercher à redoubler

l'intensité des sensations purement matérielles ?

Non ; on étourdit, on stupéfie l'âme de l'enfant en ébranlant ses faibles organes. Le secouer violemment en le faisant sauter sur les genoux, frapper fortement devant lui sur une table ou contre des vitres, c'est user de moyens rudes et mécaniques qui ne lui font suspendre ses cris qu'en paralysant son mouvement intérieur ; il faut, au contraire, autant qu'on le peut, mettre l'intelligence ou le sentiment de moitié dans les distractions qu'on lui procure.

Quelles distractions peut-on lui procurer ?

Caresser sous ses yeux un chien ou un chat, c'est développer cette sympathie que les plus jeunes enfants éprouvent pour les animaux ; lui montrer un joli objet en le lui faisant admirer en détail, — le mouvement d'une montre, par exemple, — c'est fortifier son attention, c'est aussi exciter en lui l'admiration, un des plus beaux mouvements de l'âme. Lui donner à reconnaître des figures imitées, c'est réveiller en lui l'imagination ; il est, enfin, mille moyens d'en appeler à ses facultés naissantes.

Doit-on se contenter d'éloigner du petit enfant l'exemple du mal ?

Non, il faut lui imprimer un léger mouvement vers le bien, lui communiquer de bons sentiments.

Quel est le moyen d'influer sur les enfants?

Le moyen, c'est de les aimer : l'amour produit l'amour.

Les personnes que l'enfant n'aime pas n'ont-elles pas sur lui une influence fâcheuse?

Il prend d'elle les mauvais exemples et non les bons. Il peut même contracter leurs défauts : l'impatience, la colère, la peur. Mais pour adopter les affections douces, il faut aimer.

Ce n'est donc pas assez que les enfants soient bienveillants?

Non, il faut qu'ils aiment : la bienveillance ouvre le cœur, l'amour seul le réchauffe et le remplit.

Si on ne cultive pas chez les enfants les affections douces, qu'arrivera-t-il?

S'ils sont froids et légers, ils le deviendront toujours davantage, et bientôt on verra naître l'égoïsme, vice bien odieux en lui-même, et qui ôte toute prise à l'éducation.

Ne doit-on pas détourner l'enfant de s'occuper uniquement de lui-même?

Il faut tourner son attention hors de lui, car s'il se préfère à tout, il n'y a plus à espérer d'inconstance, et l'amour de soi est le plus fidèle des amours.

Ce que doit être une bonne.

Quelles sont les qualités les plus nécessaires à une bonne?

La patience et la vigilance.

Quand doit-elle être vigilante?

Toujours : pendant les jeux, à la promenade, quand les enfants sont avec d'autres enfants, etc.

De quoi doit-elle être persuadée?

Que l'éducation est un ouvrage fort lent, qu'il faut y travailler tous les jours, mais tranquillement. On ne recueille pas tout de suite le fruit de ce qu'on a semé.

Faut-il s'inquiéter des défauts des enfants quand ils sont vifs, volontaires?

Non, ces défauts se corrigent presque toujours par l'âge seul.

Faut-il toujours montrer qu'on s'aperçoit des fautes légères des enfants?

Il faut savoir fermer les yeux de temps en

temps, toujours tout voir, mais ne pas toujours montrer qu'on voit tout. Quand on gronde, que ce soit en peu de mots.

Que faut-il éviter dans le gouvernement des enfants?

Il faut éviter de compromettre son autorité par la rigueur ou la trop grande bonté.

Comment surveiller les enfants sans gêner leur liberté?

Il faut leur faire aimer sa présence, se faire un fond inépuisable de patience, de douceur, leur parler avec bonté.

Faut-il accorder aux enfants tout ce qu'ils demandent?

Il faut leur accorder tout ce qu'on peut raisonnablement leur accorder, ne refuser que par nécessité.

Peut-on, sans inconvénient, céder à l'importunité?

Non, on ne doit jamais rien accorder à l'importunité.

A quoi une bonne doit-elle s'attacher?

A être en communauté d'idées avec la mère. Il vaudrait mieux ne pas faire tout à fait si bien que faire sentir une différence.

Quelle est la chose la plus essentielle pour une bonne ?

C'est de donner de bons exemples : d'être toujours franche avec ses maîtres ; si elle se cache d'eux, les enfants se cacheront d'elle. On ne leur en fait point accroire, ils voient plus clair qu'on ne pense.

De quoi les bonnes doivent-elles se défier ?

Du trop grand désir d'être aimées et de la crainte de déplaire.

N'est-il pas permis à une bonne de désirer d'être aimée ?

Elle peut désirer d'être aimée, mais avec des intentions droites, sans égoïsme ; il faut qu'elle s'oublie elle-même et ne cherche qu'à faire du bien aux enfants.

Les bonnes ne doivent-elles pas éviter de contrarier les enfants pour des choses qui ne sont ni bien ni mal ?

Elles doivent leur laisser la liberté pour les choses indifférentes. Il arrive souvent qu'on tracasse les enfants : on leur interdit tel jeu bien qu'il ne présente pas d'inconvénient ; on veut qu'ils aillent à droite plutôt qu'à gauche ; on les accable d'observations inutiles. Il faut prendre son parti de ce qui ne va pas comme on le voudrait et ne s'attacher qu'au principal.

N'est-il pas essentiel qu'une bonne se fasse estimer des enfants?

C'est un point fort essentiel, et le meilleur moyen pour réussir, c'est de ne leur point montrer de défauts, de ne jamais gronder par humeur, de n'être jamais rude.

Faut-il entrer dans les divertissements des enfants?

Oui, mais il ne faut pas s'accommoder à eux par un langage enfantin, ni par des manières puériles; on doit, au contraire, les élever à soi en leur parlant raisonnablement.

Une bonne ne doit-elle pas s'interdire d'engager un enfant à cacher quelque chose à sa mère?

Elle doit surtout s'interdire cette phrase qu'on entend quelquefois : « Il ne faut pas le dire à maman. » Parler ainsi à un enfant est fort mal.

Qu'est-ce qui importe encore beaucoup?

C'est que la bonne soit respectueuse, polie, pleine d'égards pour les parents des enfants et ne se permette jamais de les blâmer en rien.

Quel est le devoir le plus important d'une bonne?

C'est de cultiver le cœur des enfants, non seulement de les garder de ce qui est mal, mais de les diriger vers le bien, de leur donner de bons exemples.

Comment doit-elle se tenir à l'église?

D'une manière respectueuse mais simple, et éviter tout ce qui est exagéré.

Quelles sont les qualités qui rendent une bonne aimable?

La droiture, la bonne humeur. On aime les esprits doux, commodes, et on ne peut souffrir les personnes difficultueuses, raisonneuses, pointilleuses.

Celles qui sont prédisposées à ces défauts, à quoi doivent-elles s'attacher?

A trouver des facilités à tout, et jamais à former des difficultés.

Ne doivent-elles pas se tenir en garde contre le plaisir de trop parler?

Elles doivent éviter de parler pour parler. Il faut, pour parler convenablement, savoir ce qu'on veut dire et avoir du bon sens.

Les bonnes doivent-elles se donner tout entières à ce qu'elles font?

Sans doute, chercher le mieux possible,

prendre tout en bonne part et ne se fâcher de rien.

Quelles sont celles qui ont un bon caractère d'esprit ?

Celles avec qui on est à l'aise, à qui il faut peu de ménagements.

Doit-on souffrir chez une bonne les grands raisonnements, les objections ?

On doit tolérer les objections utiles, nécessaires quelquefois ; mais on doit empêcher tout ce qui sent la contestation, la dispute.

D'où vient l'esprit d'opposition chez une bonne ?

Il vient de l'amour-propre : celle qui est humble est docile.

Peut-elle avoir des préférences ?

Si elle en a, elle ne doit pas le témoigner. Il faut qu'elle ait les mêmes soins pour tous les enfants qu'elle élève, et qu'elle les traite également bien chacun selon son âge.

Caresses et gâteries.

Comment acquiert-on la connaissance de ce premier âge ?

On n'acquiert la connaissance de ce premier

âge que par l'attachement qu'on sait lui inspirer. Si nous ne sommes pas aimés de nos enfants, la grande influence de la sympathie est exercée par d'autres que nous.

Est-il bon de caresser les enfants ?

Les caresses emportées et passionnées sont mauvaises. Les caresses doivent avoir quelque chose d'encourageant, de fortifiant ; elles doivent être gaies sans extravagance et n'être pas sentimentales. Les enfants aiment les caresses joyeuses.

Une mère ne doit-elle pas caresser son fils ou sa fille cordialement, avec abandon ?

Elle le doit sans doute. Cependant, qu'elle ne les accable pas, comme le font plusieurs, des marques de sa tendresse : cela n'est bon ni pour elle ni pour eux. De très bonne heure, on commence à amollir les enfants en les caressant trop.

Les enfants ne comprennent-ils pas quand on les caresse pour en être aimés ?

Ils le comprennent fort bien et deviennent exigeants, capricieux, difficiles.

Quand un enfant est très jeune, n'est-il pas sans inconvénient de le gâter un peu ?

Non ; c'est un mauvais commencement qui

se continue toujours. Le jeune homme sera dans un âge avancé ce qu'on l'aura fait dans son jeune âge.

Ne gâte-t-on pas les enfants de plusieurs manières ?

On les gâte en leur laissant faire toutes leurs volontés ; on les gâte en les accablant de caresses, en les idolâtrant ; on les gâte par la flatterie.

Que deviennent ordinairement les enfants que l'on gâte par trop de caresses ?

Ils deviennent égoïstes, paresseux, ingrats.

Les enfants ne sont-ils pas souvent gâtés par l'orgueil ?

Le plus souvent, c'est l'orgueil des parents qui développe l'orgueil des enfants.

Quelle est la conséquence de cette éducation ?

Les enfants deviennent despotes, rapportent tout à eux-mêmes comme à une divinité et ne sont jamais que des êtres inutiles.

Comment éviter de gâter un enfant maladif ?

C'est bien difficile : il faut tâcher de ne pas le servir inutilement, éviter tout ce qui peut être évité, ne rien accorder qu'au besoin réel.

Gentillesse des enfants, vanité des parents, orgueil.

Peut-on s'amuser des gentillesses des enfants?

Non, on ne doit ni s'en amuser ni permettre qu'on s'en amuse. Un enfant ne doit jamais être un jouet, il faut toujours le traiter raisonnablement.

La parure convient-elle aux enfants?

Non, la simplicité leur convient mieux que la parure. Il faut se borner à une mise convenable et éviter toute recherche.

De quoi faut-il se garder?

De flatter un enfant et d'admirer les colifichets dont on le pare.

N'y a-t-il pas inconvénient à laisser voir aux enfants qu'on remarque ce qu'ils font, qu'on admire leur gentillesse?

Il y a inconvénient; nos regards altèrent leur simplicité en associant l'idée de l'effet qu'ils produisent sur nous à leurs impressions primitives.

Dans quelle vanité doit-on éviter de tomber?

Dans cette vanité qui fait qu'on s'attache au

succès du moment; à rendre les enfants sages pour qu'on les trouve gentils, bien élevés : cette éducation est toute de surface. La seule bonne est celle qui leur donne le sentiment du devoir.

Qu'est-ce qu'il y a de très fâcheux, de malheureux même pour un enfant?

C'est d'être ou de paraître un petit prodige; la vanité des parents en est flattée et se communique aux enfants qui deviennent présomptueux et croient que le monde entier est préoccupé de leur petite personne.

Ne doit-on pas éviter de parler des enfants en leur présence?

On doit l'éviter avec soin. Quand on parle d'eux, ils sont gênés, gauches, et s'imaginent ensuite être toujours le sujet de la conversation.

Quel est le défaut dont il faut avant tout préserver les enfants?

Ce défaut capital, c'est l'orgueil, qui fait faire des sottises, qui aveugle, qui domine et entraîne à des folies.

Quel sentiment éprouve-t-on à la vue de celui qui s'enorgueillit?

On éprouve un sentiment de mépris. L'orgueilleux s'illusionne et ne trompe que lui-même.

A quoi l'orgueilleux est-il obligé ?

Il est obligé de dissimuler son orgueil, sous peine d'être ridicule, odieux et le jouet des autres.

D'où vient que l'orgueilleux est détesté?

C'est que l'orgueilleux n'aime personne ; c'est un égoïste qui s'idolâtre lui-même.

Quels sont les remèdes contre l'orgueil?

Les meilleurs sont les sentiments tendres : l'oubli de soi, chasser le « moi » de son intérieur et le transporter au dehors.

L'orgueilleux est-il heureux ?

Non, il souffre constamment; tout le blesse et rien ne le satisfait. Il sent partout des froissements douloureux comme celui dont une blessure recouvrirait tout le corps.

Ce vice est-il général?

C'est le mal universel; il se trouve chez tous les hommes et à tous les âges. Celui qui se croirait exempt d'orgueil se ferait à lui-même une grande illusion.

Si on pouvait faire disparaître l'orgueil de la terre, qu'arriverait-il?

Tous les hommes s'aimeraient et notre planète serait un paradis.

Quels sont les effets de l'orgueil chez les enfants?

La désobéissance, l'indocilité, l'ingratitude, la méchanceté.

La première enfance passée, qu'est-ce que l'orgueil engendre souvent?

Les rêves de grandeur, la folle ambition suivie de déceptions inévitables qui laissent dans le cœur un fond de tristesse chagrine et empoisonnent la vie.

La colère ne provient-elle pas de l'orgueil?

La colère, de même que les bouderies, la grossièreté, les réponses insolentes viennent d'un orgueil qui s'exaspère contre ce qui le blesse; la hauteur, l'arrogance, l'humeur même sont les filles de l'orgueil.

D'où viennent dans la jeunesse la présomption, les paroles imprudentes, la susceptibilité et tous les petits travers qui rendent ridicule?

De l'orgueil uniquement.

L'orgueil n'engendre-t-il pas la dureté de cœur?

L'orgueil engendre la dureté de cœur pour les petits surtout, pour les pauvres, pour les serviteurs. C'est le *moi* auquel on sacrifie tout, le *moi* que l'on adore.

Quel est l'antidote de l'orgueil ?

L'humilité. On peut dire qu'elle suffirait seule pour rendre au genre humain le bon sens et la vertu.

Éviter de flatter les enfants, éviter de les humilier.

Quelle faute commettent ceux qui dirigent les enfants en les flattant ?

Ils défont leur travail de leurs propres mains ; les enfants, pleins de confiance en eux-mêmes, deviennent indociles, ingouvernables.

L'esprit d'indépendance ne provient-il pas aussi de l'orgueil ?

L'esprit d'indépendance, qui fait qu'on s'attache à sa volonté jusqu'à l'entêtement et qui empêche de céder à un conseil raisonnable, est un des fruits de l'orgueil.

N'y a-t-il pas d'autres défauts qui proviennent de la même source ?

L'esprit de contradiction qui rend un enfant insupportable à tout le monde par la manie de chicaner et de discuter à tout propos ; l'esprit de justification qui fait qu'on ne veut pas convenir d'une faute et qu'on préfère donner les plus mauvaises excuses pour se disculper.

Ne doit-on jamais donner des éloges aux orgueilleux?

On doit leur donner les éloges qu'ils méritent en évitant l'exagération et la flatterie.

Est-il bon de les humilier quelquefois?

Il faut à celui qui humilie bien du tact et une grande bonté pour que l'humiliation qu'il inflige ne soit pas une mauvaise chose.

Ne peut-on tirer parti de l'amour-propre dans l'éducation?

On peut le tourner en émulation, en ardeur pour le bien.

A quoi peut-on l'appliquer sans danger?

Aux jeux, aux divers exercices qui plaisent à la jeunesse. Il n'y a nul inconvénient à ce que l'amour-propre s'en mêle. Puisqu'on ne peut pas le chasser, encore moins le faire mourir, il est heureux qu'on puisse lui trouver des dérivatifs innocents.

Pour les filles, pas trop de luxe, pas trop de simplicité. Éviter l'exagération.

Que doit-on craindre le plus chez les filles?
La vanité.

Les mères ne sont-elles pas souvent bien coupables sous ce rapport?

Non seulement elles s'occupent sans cesse de la beauté de leur fille, mais elles communiquent cette préoccupation à leur enfant et lui font perdre ainsi le charme et tous les agréments que la nature prodigue à la jeunesse.

Qu'est-ce que les mères devraient soigner avant tout?

L'hôte intérieur qui seul rend aimable, qui se révèle dans la voix, dans le regard, dans le sourire, et que toutes les recommandations maternelles ne peuvent changer du jour au lendemain.

Qu'est-ce que les mères devraient éviter?

De donner à leurs enfants le goût de la toilette, du luxe, qui devient souvent une cause de ruine pour les familles.

Ne peut-on apporter quelque soin à ce qu'une fille soit bien parée?

Il faut qu'elle n'ait ni l'embarras de se croire moins bien mise que les autres, ni la vanité de l'être mieux. Elle apporte ainsi en société un esprit dégagé de préoccupations, s'y trouve à son aise et conserve sa bonne humeur.

Si une fille entend dire qu'elle est jolie, quel correctif faut-il employer?

Le mieux est de n'en employer aucun; laisser tomber cette remarque comme une chose insignifiante vaut mieux que de dire : « On est jolie quand on est sage », ou bien : « On est laid quand on est méchant. » Souvent les mères, glorieuses de la beauté de leurs enfants, sont les premières à leur souffler la vanité.

Que peut-on faire comprendre à une fille?

Que la beauté trompe la personne qui la possède et la rend souvent sottement idolâtre d'elle-même. Une femme sans cesse occupée de son visage est insipide et ridicule.

Les enfants ne sont-ils pas prédisposés à estimer le luxe, la parure, tout ce qui brille?

Les enfants, comme bien des gens, estiment fort tout ce qui produit grand effet. Il faut faire la guerre à cette vaine gloire et tourner leur esprit vers le véritable mérite, leur faire apprécier ce qui est réellement estimable.

Nécessité de l'obéissance. Par quel moyen on peut l'obtenir.

Tant que la raison n'est pas venue chez l'enfant, que devez-vous faire?

Vous devez lui imposer la vôtre, prudemment, paisiblement, affectueusement, mais avec fermeté et constance.

Quelle est l'habitude la plus nécessaire à former dans le jeune âge?

C'est celle de l'obéissance, puisqu'au moyen de celle-là on peut faire contracter toutes les autres.

Comment accoutumer les enfants à l'obéissance?

Il faut la leur rendre facile en ne leur demandant que des choses justes, raisonnables, et en les leur demandant avec bonté et tranquillité.

Doit-on récompenser un enfant toutes les fois qu'il obéit?

On peut le récompenser de temps en temps par un sourire ou une caresse.

D'où vient que l'enfant obéit plutôt à une défense qu'à un ordre?

De ce qu'on ne saurait le faire agir malgré lui; son âme est indépendante, il en a le sentiment. On peut le rendre docile rien qu'en employant la sympathie.

L'emploi du raisonnement est-il bon pour obtenir l'obéissance?

Non; les enfants que l'on cherche toujours à persuader en les raisonnant deviennent ordinairement chicaneurs, égoïstes, capricieux, intraitables.

Doit-on toujours empêcher ce qu'on a commencé par interdire?

Oui, mais aussi ne doit-on d'abord interdire que ce qu'on peut empêcher.

De quoi faut-il surtout se garder quand on veut obtenir l'obéissance?

Il faut se garder de plaisanter. Une fois l'obéissance exigée, ne riez plus, ne caressez plus, ne priez pas. Vous exercez un droit et ne devez pas le faire mollement.

Quel est le ton qui convient le mieux pour obtenir l'obéissance?

Le ton calme. Si, loin d'élever la voix, on la baisse tout à coup, on impressionne l'enfant sans l'agiter.

Que doit-on surtout éviter?

De commander légèrement ou avec faiblesse, de commander inutilement, de fatiguer les enfants par des répétitions auxquelles ils s'habituent.

Quand un enfant désobéit, que faut-il faire?

Prendre un air sérieux et l'avertir qu'on

va le punir s'il continue ou s'il recommence.

Si l'enfant est tout à fait insoumis?

On lui inflige une punition en rapport avec son âge.

Pendant cette pénitence, que devez-vous faire?

Reprendre tranquillement vos occupations et conserver un calme parfait, alors même que l'enfant vous impatiente par ses cris ou par son indocilité. Vous mettre en colère serait perdre tout le fruit de la correction.

Quand vous accordez le pardon, que devez-vous éviter?

Vous devez éviter d'humilier votre enfant; le regret de sa faute est ce que vous lui demandez et doit vous suffire.

Les gronderies sont-elles bonnes quelquefois?

Non, les gronderies et les cris n'améliorent pas; elles proviennent le plus souvent de notre mauvaise humeur.

A quoi faut-il accoutumer l'enfant?

A être privé de ce qu'il désire. On y nt le rendre ainsi docile, patient, gai, tranquille; s'il est habitué à tout obtenir, il devient exigeant, inquiet, et un refus inaccoutumé lui donnera plus de tourment que la privation même de ce qu'il veut. Malheureux dans le présent, il le sera dans l'avenir.

Quand un enfant refuse d'obéir, doit-on l'y forcer?

Non, il faut le punir, mais ne pas le contraindre. Ce qu'on fait faire à un enfant malgré lui l'irrite et ne l'améliore pas.

De quoi faut-il se garder?

D'agir par mauvaise humeur. On ne doit jamais perdre de vue le bien de l'enfant.

Quand un enfant a mérité une punition, y a-t-il avantage à prolonger sa disgrâce?

Non, le chagrin ne fait qu'aigrir et gâter le caractère. Accordez le pardon franchement, tendrement, si c'est possible, sans retour sur le passé; supposez l'enfant corrigé. Vous lui rendez ainsi la joie et la bonne volonté.

Doit-on avoir recours aux reproches?

Peu, attendu que celui qui les fait n'est pas toujours sûr de rester dans une juste mesure. Quand ils sont inévitables, ils doivent, autant que possible, être adressés sans témoins.

Pourquoi?

Parce que les enfants ont leur honneur qui doit être ménagé. Les humiliations les blessent profondément, la honte est un enfer moral pour eux. C'est une cruauté que de ne pas la leur épargner.

Est-il préférable d'obtenir l'obéissance par l'autorité que par la force?

C'est infiniment préférable. La force, qu'on est quelquefois obligé d'employer, ne sert que dans le cas actuel; l'autorité sert dans tous les moments et dans tous les cas; les enfants la comprennent et s'y soumettent. L'emploi de la force les révolte et les dispose à la résistance. Ils peuvent subir la force, mais ils ne l'acceptent pas.

Pouvons-nous soumettre la volonté des enfants?

Il n'y a qu'une volonté qui puisse toujours être la maîtresse de la volonté de l'enfant : c'est la sienne. Comme l'homme, il a horreur de la contrainte; mais rien n'est plus aisé que de lui faire naître des volontés quand on n'a pas commencé par les lui prescrire.

Les idées, les volontés de l'enfant lui sont-elles propres?

Ordinairement elles lui ont été suggérées; les enfants tiennent tout de nous, aussi il est facile de les faire passer d'une idée à une autre, d'une fantaisie à une autre.

N'est-ce pas à tort qu'on prend quelquefois un accent rude et menaçant avec les enfants pour les détourner d'une action nuisible?

Oui, c'est à tort; on les trouble et ils ne comprennent pas. Quand ils mettent un sens à nos paroles, c'est par sympathie. L'accent et la physionomie leur expliquent le sens des mots; on leur dirait d'un ton doux les choses les plus terribles qu'ils souriraient.

Que fait un enfant témoin de votre colère?

Il en prend à coup sûr l'exemple de vous, et les mots injurieux dont vous l'accablez vous seront avant peu appliqués à vous-même. L'instinct d'imitation est plus fort chez les enfants en bas âge que la crainte. Ne vous fâchez donc jamais ni contre le petit enfant ni en sa présence.

Les petits enfants doivent-ils parfois être laissés à eux-mêmes?

Oui, il faut leur laisser toute l'indépendance qui ne présente pas d'inconvénient.

Quel avantage y a-t-il pour eux à ce qu'ils usent de quelque liberté?

Ils se développent mieux au physique et au moral; la contrainte arrête l'essor qui fait avancer.

N'y a-t-il pas avantage aussi pour celui qui s'occupe de leur éducation?

Il y a avantage puisqu'il a ainsi l'occasion de connaître bien mieux leur naturel.

Enfants timides et craintifs. Comment former en eux le sens de la vérité.

Quels sont les caractères qui doivent être traités avec une grande douceur?

Les caractères timides, craintifs. La sévérité les fait trembler, ils ont besoin de caresses.

A quoi les enfants timides sont-ils enclins?

A cacher la vérité et à mentir.

Ne peut-on pas tromper quelquefois les enfants pour leur persuader ce qu'on veut?

Non, il faut être toujours vrai, autrement on leur enseigne la finesse. On veut éviter d'employer l'autorité, et c'est un tort. Ce qu'on veut, il faut le vouloir franchement, avec fermeté; l'enfant vous respectera et vous estimera davantage; tous les petits moyens qu'on emploie pour être obéi sont de la faiblesse, et les enfants dédaignent les faibles.

Comment faire aimer la franchise aux enfants?

En leur disant toujours la vérité et en agissant simplement avec eux.

Les enfants, si ingénus, si naïfs, sont-ils toujours exactement vrais?

Non, ils dissimulent innocemment, si on peut le dire; il y a en eux un mélange singulier de finesse et d'abandon.

Comment s'y prendre pour former chez l'enfant le sens de la vérité?

Il faut tâcher de lui faire comprendre que ses paroles doivent s'accorder avec les faits plutôt qu'avec ses désirs. Quand vous lui racontez toutes les circonstances des événements dont il a été témoin, il conçoit ce qu'est un récit fidèle. Bientôt il le conçoit tellement que si vous commettez la moindre erreur, il en vient à vous redresser avec une sorte de pédanterie. Il faut le remercier dans ce cas et lui faire voir tout le prix qu'on attache à l'exactitude.

Les ruses de l'enfant doivent-elles être déjouées?

Oui; il faut les comprendre, les déconcerter et montrer qu'on n'est jamais dupe. En venir à l'explication n'est pas nécessaire : ce qui ne peut être prouvé ne doit pas non plus être reproché.

Comment faut-il recevoir les caresses intéressées?

Il faut les recevoir avec froideur. L'enfant ne se méprendra pas sur vos motifs.

Comment traiter les prétextes?

Sans leur donner le nom qu'ils méritent, vous y verrez toujours une raison de refus. Les exagérations, les vanteries, les récits suspects n'obtiendront de vous qu'un morne silence. Rien ne vous placera si haut dans l'esprit de l'enfant, rien ne vous assurera mieux de son respect pour vos lumières que l'épreuve qu'il fera de votre pénétration.

Que faut-il tâcher de faire?

Il faut tâcher d'attirer la confiance de l'enfant, d'obtenir l'aveu de ses petites fautes qu'il faut récompenser par le plus entier pardon.

De quoi faut-il se garder?

Il faut se garder de tendre aux enfants le moindre piège; jamais on ne doit les interroger sur leur sagesse passée, sur la conduite des autres enfants ou sur celle des domestiques.

Quel est l'essentiel de beaucoup?

C'est d'être parfaitement vrais nous-mêmes. Tous les autres intérêts doivent être sacrifiés à celui de la vérité.

N'est-ce pas donner à un enfant un mauvais exemple que de le tromper ?

C'est non seulement lui donner un mauvais exemple, mais c'est nous perdre auprès de lui pour l'avenir ; c'est renoncer à l'éducation entière dont nous ne pouvons plus être les instruments.

Que faut-il surtout éviter ?

De faire aux enfants des promesses vaines. Tout est réparable auprès d'eux, hors le mensonge : soyez impatient, colère, par moment injuste, ce sera très fâcheux, mais peut-être ils l'oublieront. Ce sont des torts dont la volonté n'est pas complice, et les souvenirs ineffaçables ne s'attachent qu'aux péchés d'intention.

Les enfants qui n'ont jamais été trompés sont-ils plus aisés à conduire ?

Les enfants qui n'ont jamais été trompés croient à des promesses comme à des faits, et un fil suffit pour les conduire. Ont-ils été déçus, les chaînes ne suffisent plus.

Quand les enfants ont réussi par une finesse, de quoi faut-il se garder ?

Il faut se garder de rire et d'applaudir à leur esprit, mais les reprendre sévèrement.

De quoi la bonne ne doit-elle jamais se vanter?

Elle ne doit jamais, pour faire remarquer son adresse, se vanter d'avoir trompé, et si d'autres le font en présence de l'enfant, elle ne doit pas manquer ensuite de lui faire comprendre combien c'est laid et méprisable.

De quoi faut-il désabuser les enfants?

Des mauvaises subtilités par lesquelles on veut faire en sorte que le prochain se trompe sans qu'on puisse se reprocher de l'avoir trompé; ces raffinements sont plus mauvais que les finesses communes.

Les personnes dissimulées parviennent-elles à tromper?

Elles peuvent tromper quelquefois, mais elles sont bien vite connues et on les méprise. Voilà ce qu'on doit faire comprendre aux enfants.

Faut-il leur parler morale?

Pas trop : quand le bon sens suffit pour les conduire, laissons la morale; si la morale la plus commune produit de l'effet, ne nous adressons pas à la conscience, et, enfin, n'ayons recours à la religion que dans des cas exceptionnels.

N'a-t-on pas, en général, le tort de trop parler aux enfants?

On abuse des exhortations, des remontrances, on les tracasse.

Quel inconvénient y a-t-il?

On fait naître en eux un désir de résistance; ils perdent leur bonne humeur, leur physionomie naturellement franche et ouverte change et s'altère.

Que faut-il leur conserver avant tout?

La bonne volonté, le désir d'obliger, les sentiments doux, aimables, et ne pas trop s'attacher à corriger des défauts extérieurs, tels que la tenue, les manières. Avant tout, il faut veiller sur le fond. C'est seulement quand le fond est bon que la forme peut être irréprochable.

Ce qu'on dit devant un enfant lui profite-t-il?

L'enfant profite de ce qu'on dit et fait devant lui comme de ce qu'on dit et fait pour lui; aussi faut-il s'observer devant les enfants.

Comment préserver les enfants de l'égoïsme?

De quoi doit-on avant tout préserver les enfants?

De l'égoïsme; les sentiments seuls rendent aimable.

Les nourrices, les bonnes n'ont-elles pas le travers de rendre les enfants égoïstes ?

Oui, si on n'éclaire leur tendresse exclusive; il arrive quelquefois qu'une bonne, par amour pour un enfant unique, lui conseille de tout garder pour lui : joujoux, friandises; elle voudrait tout accaparer pour cet enfant chéri. C'est le cas de dire alors que rien n'est plus dangereux qu'un ignorant ami.

Comment doit-elle s'y prendre pour le rendre généreux, compatissant ?

Il faut qu'elle lui rende l'exercice de la charité agréable; il faut que pour l'enfant donner soit un plaisir : ainsi le charger de distribuer de vieux habits, des joujoux auxquels il ne tient plus. Elle serait bien maladroite si elle lui imposait une privation ou même si elle lui demandait un sacrifice. Elle produirait alors l'effet opposé à celui qu'elle veut obtenir.

Que faut-il lui faire comprendre ?

Qu'au lieu d'occuper l'enfant de lui-même, de ce qui lui est avantageux, de son intérêt, il faut attirer son attention au dehors, lui faire admirer ce qui est beau à ses yeux; non la belle nature qu'il ne peut comprendre, mais la nature enjolivée, les détails, tout ce qui est à sa portée.

Dans leurs moments les plus aimables, peut-on louer les enfants?

C'est ce dont il faut se garder. Dès que leur amour-propre est en activité, le charme du naturel s'évanouit, et la prétention, l'affectation même le remplacent. On ne doit louer les enfants que pour les efforts vertueux de la volonté.

Doit-on prendre les enfants au sérieux?

Oui, et on doit les traiter, autant qu'on peut, comme de grandes personnes. Répondre de bon sens aux questions qu'ils adressent, c'est le meilleur moyen d'obtenir leur confiance.

Comment traiter les enfants qui ont des désavantages naturels?

Il faut leur éviter les comparaisons humiliantes et faire comprendre aux enfants mieux doués qu'ils doivent être muets à cet endroit.

Ne voit-on pas quelquefois des enfants atteints de quelque infirmité être le jouet de leurs frères?

C'est ce que des parents ne doivent jamais

supporter; ils ne doivent même pas souffrir que leurs enfants raillent des camarades moins heureux, ils doivent les porter à avoir des égards.

Enfants colères, enfants boudeurs.

Une bonne doit-elle rire des petites colères d'un enfant?

Non, elle ne doit pas s'en amuser, mais elle doit garder un air sérieux et attendre patiemment que la colère soit passée.

Ne devrait-elle pas essayer de le reprendre?

Non, elle ne ferait que l'irriter davantage; elle doit garder le silence et profiter du premier moment de calme pour le rendre raisonnable.

Doit-elle céder aux importunités de l'enfant?

Non, car si elle cède une fois, il s'en souviendra et deviendra plus opiniâtre. L'enfant ne doit rien obtenir par colère.

Ces petites difficultés doivent-elles empêcher la bonne de traiter l'enfant d'une manière affectueuse?

Non, elle doit éviter d'être froide et raide avec lui.

Les enfants colères ne peuvent-ils pas devenir boudeurs?

Ils peuvent bouder quelquefois, mais peu de temps. Il n'y a qu'à ne pas s'occuper d'eux, à ne pas se mettre en peine de leur humeur et à les laisser de côté comme une chose qui ne compte pas. Ils s'aperçoivent bientôt que bouder est une duperie.

Chez les enfants faibles, indolents, la bouderie est-elle aussi facile à guérir?

Beaucoup moins, parce qu'elle est dans leur nature : les enfants colères boudent par calcul, les enfants faibles boudent parce qu'ils ont envie de bouder. Il faut distraire ceux-ci, les secouer, dût-on les mettre en colère. S'ils sont très jeunes, on peut leur présenter un amusement qui les ranime; mais il faut éviter qu'ils s'aperçoivent qu'on s'occupe d'eux, si on ne veut pas que leur bouderie se prolonge indéfiniment.

La bonne doit-elle répondre aux questions de l'enfant?

Oui, elle ne doit jamais les laisser sans réponse, même quand elles sont multipliées et gênantes.

Doit-elle prendre part à ses jeux?

Oui, elle doit s'intéresser à tout ce qui intéresse l'enfant; ne jamais sourire de ce qui le chagrine, le prendre au sérieux toujours.

L'enfant doit-il compter sur la protection de sa bonne?

Oui, il doit la regarder comme un appui qui ne peut lui manquer.

La bonne peut-elle abuser de la crédulité de l'enfant pour le conduire comme elle l'entend?

Non, elle doit encore empêcher que d'autres en abusent.

Dans un moment d'impatience, de quoi une bonne doit-elle se garder?

Elle doit se garder de frapper les enfants; mais, au contraire, elle doit les consoler avec douceur et être habile à leur éviter des transports de colère qui souvent occasionnent des convulsions, très funestes à cet âge.

Si par un peu de négligence il arrive un accident aux enfants, que doit faire la bonne?

Elle doit l'avouer aux parents et ne leur rien cacher. L'intérêt des enfants est ce qui importe avant tout; elle doit s'attacher à eux et se regarder comme leur mère.

Une bonne doit respecter et faire respecter l'innocence des enfants.

Qu'est ce qu'une bonne doit éviter avec soin?

Tout ce qui pourrait apprendre le mal aux enfants : ainsi les histoires qui ne seraient pas parfaitement convenables, les chansons de galanterie, même pour les égayer ou les endormir; elle doit s'interdire toute parole libre et être toujours modestement vêtue.

Qu'est-ce qu'une bonne ne doit pas se permettre encore?

Elle ne doit pas se permettre sur eux aucune caresse inconvenante, sous prétexte qu'ils sont encore bien jeunes.

Peut-elle parler librement devant eux de choses qu'ils ne comprennent pas?

Non; ils ne comprennent pas, mais ils se souviennent, et, plutôt qu'elle ne croie, ils comprendront et se rappelleront ce qu'ils auront entendu. Ce qu'on dit devant eux à mots couverts, ils se l'expliquent plus tard.

Que doit faire une bonne si elle se trouve dans une compagnie où l'on tient de mauvais propos devant les enfants?

Elle doit se retirer et se souvenir des paroles de Notre-Seigneur : « Malheur à celui qui scandalisera un de ces petits ! il vaudrait mieux pour lui qu'on lui attachât au cou la meule qu'un âne tourne et qu'on le précipitât au fond de la mer. »

Quand les enfants sont avec des camarades, une bonne consciencieuse ne doit-elle pas les surveiller ?

Elle doit les surveiller avec grand soin ; les enfants s'apprennent le mal les uns aux autres.

A quoi doit-elle veiller encore ?

A ce qu'ils ne voient pas des images inconvenantes comme on en trouve dans des livres ou dans de mauvais journaux illustrés.

Doit-elle veiller sur les mœurs des plus petits ?

Sans doute ; il est reconnu que la source de a corruption de la jeunesse remonte souvent à la première enfance. Aussi sont bien coupables ou bien imprévoyantes celles qui se font une occasion d'amusement des immodesties du jeune âge.

Comment inspirer aux enfants la modestie, la décence ?

Quand ils en manquent, au lieu de rire comme le font les bonnes malavisées, il faut dire d'un ton sérieux : « C'est laid ce que vous faites. »

De quoi doit-on se garder devant les enfants ?

On doit se garder de tout ce qui sent le mystère : ainsi les conversations qu'on ne veut pas qu'ils comprennent, les mots à double entente, les signes d'intelligence, les sourires malins, tout cela les impressionne ; ils se taisent, mais ils cherchent à en pénétrer le sens et ils finissent par y arriver. Devant eux, en toute chose, on doit être simple et vrai.

Désœuvrement, occupations.

A quoi la bonne doit-elle être attentive ?

Elle doit être attentive à les occuper : le désœuvrement ne leur vaut rien.

Comment peut-elle les occuper ?

Il y a mille manières : la meilleure est de leur donner l'idée de copier ce qu'ils voient dans les étalages des magasins ; les mille fantaisies qu'on invente tous les jours, ils peuvent chercher à les imiter. Il ne faut pas rire de leurs ouvrages quelque mal faits qu'ils soient; au contraire, il faut s'y intéresser.

Est-il bon de travailler avec eux?

Il faut que ce soit avec une grande discrétion. Avant tout, il faut leur laisser la liberté de travailler comme ils l'entendent.

Quelle maladresse fait-on quelquefois avec les petites filles?

C'est de travailler pour leur poupée. L'enfant est d'abord très contente quand l'ouvrage est achevé, mais cela ne dure qu'un instant; elle n'apprend pas à s'occuper et le goût ne lui en vient pas.

La bonne doit-elle donner des leçons avec régularité?

Oui, car rien ne dégoûte du travail et de l'étude comme les interruptions.

Doit-elle conserver un langage simple?

Oui, elle doit conserver un langage simple et habituer les enfants à se servir d'expressions à leur portée, à ne pas chercher les grands mots qu'ils ne comprennent pas et qui sont ridicules dans leur bouche.

Pour la santé des enfants, doit-elle prendre de grandes précautions?

Il ne faut pas que les précautions soient

exagérées : par des soins excessifs, on rend les enfants mignards, nerveux. Leur nourriture doit être simple : ce qui coûte le moins est ce qui vaut le mieux.

Que penser de l'habitude qu'on prend quelquefois de nommer les choses comme les enfants les nomment, et d'altérer la prononciation des mots ?

Ce n'est pas un tort grave, mais il serait mieux de ne pas l'avoir et de parler aux enfants sur un ton raisonnable. Il est bon de les prendre au sérieux le plus tôt possible.

La bonne doit-elle se fâcher contre un enfant qui par maladresse casse ou déchire quelque chose ?

Non, elle doit lui faire une observation pour le rendre plus précautionné, mais elle ne doit se fâcher que pour des fautes volontaires.

S'il survient à des enfants un petit frère ou une petite sœur, que faut-il leur dire ?

Que Dieu, dans son amour, le leur donne pour leur tenir compagnie dans ce monde et pour partager leur bonheur dans l'autre.

Si la mort vient le leur ravir ?

Dites-leur que c'est un ange qui prie pour eux et qui les attend au ciel.

S'ils perdent un parent ou une personne de leur connaissance?

Profitez de l'occasion pour leur faire comprendre que le corps seul meurt, mais que l'âme ne meurt pas.

Comment traiter un enfant qui a peur?

Qu'est-ce qu'il est très important d'éviter?

De donner aux enfants de vaines craintes en leur parlant de revenants, de fantômes, de choses qui les épouvantent, ce qui les rend faibles, timides, craintifs : ainsi les jeux de nuit, les imitations de cris de bêtes féroces, les histoires effrayantes, tout cela ne leur vaut rien et peut leur faire le plus grand mal.

Comment guérir un enfant de la peur?

Les raisonnements n'y peuvent rien. Il faut se garder de forcer l'enfant à la braver : si quelque chose l'effraie, dites-lui : « Attends-moi auprès de telle personne, je vais voir ce que c'est. » Vous y allez et vous dites gaiement ce que vous voyez. L'enfant ira peut-être vous trouver et vous rirez ensemble; s'il n'y va pas de lui-même, ne le forcez pas, revenez et racontez ce que vous avez vu.

Si l'enfant a été effrayé par des récits, que faut-il faire?

Il faut le distraire, l'intéresser, l'aguerrir par le mouvement moral et physique; plus vous parlez de la peur, plus vous lui donnez de consistance; il faut la lui faire oublier; par conséquent ne pas lui parler du loup, de la mère Fouettard et de Croquemitaine.

Si l'enfant, épouvanté d'un bruit ou de toute autre chose, va se jeter dans vos bras, que devez-vous faire?

Vous devez l'accueillir affectueusement, le caresser. Qu'il se trouve en sécurité avec vous, qu'il se sente chez lui : la confiance lui donnera du courage. Gardez-vous de le traiter de peureux ou de le gronder.

N'arrive-t-il pas souvent qu'on communique la peur aux enfants?

On la leur communique de bien des manières. D'abord par des récits effrayants et aussi par l'exemple : un enfant dont la mère s'épouvante facilement sera sujet lui-même aux impressions de la peur.

Quel est l'effet de la peur?

L'effet de la peur est de diriger toute notre attention sur nous-mêmes tandis qu'il faudrait la porter hors de nous. Toujours occupés de leur personne, les égoïstes ne font jamais des traits de courage. Ceux qui s'oublient pour les autres en sont seuls capables.

Qu'est-ce qu'il faut donc cultiver chez les enfants?

Le dévouement à la famille, aux amis, à la patrie, et tous les sentiments désintéressés qui rendent courageux.

Comment inspirer le sentiment religieux?

Le sentiment religieux doit-il être éveillé de bonne heure?

Il ne l'est jamais trop tôt. Pour le développer, il n'est besoin que de faire remarquer à l'enfant les innombrables bienfaits de Dieu; lui montrer les arbres, les fleurs, les fruits, tout ce que nous voyons dans la nature et qui est créé pour notre usage. Puis on peut lui dire qu'il y a un monde beaucoup plus beau que celui-ci où nous irons un jour, si nous sommes sages, trouver notre père du ciel qui nous aime bien.

Comment inspirer aux enfants la confiance en Dieu?

Il faut leur parler des soins qu'il prodigue à toutes ses créatures : « Voyez les oiseaux du ciel, ils ne sèment pas, ils ne recueillent pas, et Dieu fournit à leurs besoins; à plus forte raison aura-t-il soin de ses enfants. »

Faut-il effrayer les enfants en leur parlant de la colère de Dieu?

Non, il faut se garder d'altérer leur confiance en leur parlant comme il serait bon de parler à des coupables. Ils sont innocents, tout doit être douceur dans les sentiments religieux qu'on leur inspire.

Ne doit-on pas tirer parti des sentiments religieux pour les rendre bienveillants?

Dieu est le père de tous les hommes, leur dira-t-on, il nous loge tous dans sa maison, nous éclaire tous de son soleil et nous nourrit tous à sa table; nous devons tous nous aimer puisqu'il nous aime tous.

Que faut-il dire aux enfants pour les rendre humains envers les animaux?

Il faut leur dire que les animaux sentent tout comme nous le plaisir et la douleur, qu'ils sont sensibles aux coups, à la fatigue, que Dieu nous les a donnés pour nous servir et non pour que nous les fissions souffrir, que nous devons en avoir un soin raisonnable.

Comment s'y prendre pour combattre la sensualité chez les enfants?

Il est facile de leur faire comprendre qu'il est bien permis de trouver bons les aliments auxquels le bon Dieu a donné une saveur agréable, mais qu'il est ridicule et honteux de manger avec excès et surtout de boire outre mesure des liqueurs enivrantes qui font descendre l'homme au niveau des animaux.

N'est-il pas utile de faire connaître aux enfants les inconvénients d'une vie molle?

Il est bon qu'ils sachent combien il est nuisible à la santé, au travail, de s'occuper sans cesse de ses aises, du bien-être, du confortable. Celui qui ne cherche que ce qui lui est commode et agréable ne réussit à rien, n'est bon à rien.

Ne peut-on disposer l'enfant aux sentiments de charité?

On peut très bien l'habituer à penser que nous ne devons pas faire aux autres ce que nous ne voudrions pas qu'il nous fût fait, mais que nous devons traiter nos semblables comme nous voulons qu'ils nous traitent.

Instruction religieuse.

Ne peut-on tirer parti du goût des enfants pour les histoires?

On peut tirer parti de ce goût pour les instruire des vérités de la religion en leur racontant les histoires saintes.

Ne faut-il pas les leur raconter avec mesure?

Il ne faut pas rassasier leur curiosité, mais les leur faire désirer.

Faut-il les engager à répéter les histoires qu'ils ont entendues?

Non, il faut leur laisser toute liberté; s'ils les racontent d'eux-mêmes, il ne faut pas le remarquer et ne pas les reprendre s'ils se trompent. Ce qui aurait l'air d'étude les gênerait et gâterait tout.

Ne peut-on instruire les enfants en leur faisant voir des images, des tableaux?

On peut de cette manière varier leurs plaisirs en donnant à leur intelligence une direction heureuse. Les personnes qui ne savent pas, ou qui n'ont pas le goût de raconter, ont toujours la ressource de montrer des estampes, et de les accompagner de quelques réflexions explicatives.

A quoi celui qui enseigne doit-il toujours penser?

Il doit penser qu'on réussit bien mieux avec les enfants en excitant leur sympathie qu'en s'adressant à leur raison.

Comment donner de la piété aux enfants.

Quand un enfant manque de piété, faut-il se montrer sévère avec lui?

Non, il faut employer la douceur, l'indulgence, chercher à se faire aimer pour gagner la confiance et parvenir à la persuasion.

Quel effet produirait-on si on témoignait de l'indignation?

L'indignation, l'impatience, la rigueur, produiraient un effet tout opposé à celui qu'on en attend.

Qu'arrive-t-il quand on emploie l'autorité pour les pratiques religieuses?

Rien n'est sincère : chacun se tait, chacun souffre, chacun se déguise. On supporte impatiemment la violence, et, en la supportant, on la hait.

Quels sont ceux qui réussissent le mieux à donner de la piété aux enfants?

Ceux qui ont eux-mêmes une piété sincère et aimable; je dis aimable, car rien ne l'est moins que la dévotion aigre, sombre, déplaisante de certains dévots.

Qu'est-ce qui est bon, excellent, pour les enfants?

Ce sont les témoignages de confiance; ils en sont touchés, reconnaissants, joyeux. Fénelon disait : « Il faut que la joie et la confiance soient leurs dispositions ordinaires. »

Quand on gêne les enfants, qu'arrive-t-il?

Ils se contraignent, deviennent politiques, cachés. Pour prévenir un si grand mal, il faut leur laisser une grande liberté d'exprimer ce qu'ils pensent et de découvrir le fond de leur âme. On doit, par conséquent, se garder de prendre un air austère et impérieux qui leur fermerait le cœur.

Quand faut-il user avec eux d'indulgence?

Quand ils ne se déguisent point. Quand ils avouent leurs défauts, n'en paraissez ni étonné ni irrité.

Ne faut-il jamais avoir de fermeté?

La fermeté n'exclut pas la douceur : rien

de plus ferme que ce qui est doux, rien de plus faible que ce qui est violent.

Que leur dire quand on accuse la dévotion de rendre les gens tristes?

Les dévots, leur dira-t-on, ne sont pas sans défauts; la tristesse est un défaut de leur dévotion, et c'est probablement parce qu'ils n'ont pas assez de dévotion qu'ils sont tristes. La dévotion bien entendue donne la joie, la tranquillité, la douceur, et la mélancolie est regardée comme une source de péché.

Faut-il s'aider de la religion quand on corrige les enfants?

Quand une bonne est impatientée par les caprices d'un enfant, est-il bon qu'elle le menace de la punition de Dieu?

Non, on ne doit jamais parler de religion dans un moment d'irritation et de trouble.

Le moment passé, la bonne peut-elle faire des allusions et s'aider des pensées religieuses?

Ce ne serait pas bon; quand on parle du bon Dieu, il ne faut rappeler rien de ce qui peut troubler la paix : tout doit être douceur.

Que peut dire une bonne à un enfant qu'elle est obligée de contrarier ?

Je réponds de vous devant vos parents qui vous ont confié à moi; je les remplace, et mon devoir est de vous rendre sage : si vous ne l'étiez pas, c'est moi qu'ils accuseraient; ils diraient que je ne les seconde pas, que je vous élève mal. Je ne veux pas qu'ils puissent me faire des reproches.

Les succès de l'éducation sont-ils les mêmes chez tous les élèves ?

Non; la bonne semence tombe souvent dans les épines ou sur la pierre; on voit des enfants également bien élevés tourner différemment. D'où cela vient-il? c'est le secret de Dieu. La mère, sans se décourager, doit lui demander son secours; il l'accorde à son humble servante, mais il le refuse à l'orgueilleuse qui compte sur elle-même.

A quoi la mère travaille-t-elle en soignant avec sollicitude la moralité de ses enfants?

Elle travaille à assurer leur bonheur. Qu'elle amasse pour eux des richesses, qu'elle leur fasse acquérir des talents, qu'elle leur procure des plaisirs, tout cela est quelque chose sans doute, mais, pour les rendre heureux, elle doit commencer par les rendre bons.

Doit-on exiger des enfants qu'ils fassent le bien uniquement par devoir et sans motif intéressé ?

Non ; il peut y avoir dans notre conduite un mélange de divers motifs, et l'un n'exclut pas l'autre. Si nous faisons le bien pour notre avantage, nous le faisons aussi pour l'amour de lui-même, et sur l'inspiration de notre conscience qui nous l'a montré et ordonné.

L'Évangile allie-t-il l'amour du bien et le désir du bien-être ?

Oui. Le désir du bien-être, la soif du bonheur sont dans la nature. L'apôtre saint Paul a dit : « La piété est utile à tout, et c'est à elle que les biens de la vie présente et ceux de la vie future ont été promis. »

Peut-on faire comprendre ces choses aux enfants ?

On peut très bien leur faire comprendre que le bien se récompense lui-même, comme le mal s'inflige à lui-même sa juste punition.

Que leur dire pour expliquer cela ?

Que la bonté, la bienveillance donnent à l'âme une satisfaction qui se reflète sur la physionomie; tandis que l'orgueil, la haine, la méchanceté, le mal, en un mot, attriste l'âme, et cette tristesse se peint sur la figure, dans les paroles et dans toute la conduite des coupables.

Quelles sont les paroles de l'Évangile qu'on peut leur apprendre à cette occasion ?

« Prenez mon joug sur vous, dit le Seigneur, il est doux et léger, et vous trouverez le repos de vos âmes. »

Passant de cette vie à celle qui nous attend au delà du tombeau, que dire aux enfants ?

Nous moissonnerons dans l'autre vie ce que nous aurons semé dans celle-ci. Nos bonnes actions seront récompensées, les mauvaises seront punies.

A quoi faut-il accoutumer les enfants ?

A entendre parler de la mort et des morts sans en être épouvantés. Il faut, au contraire, les habituer à cette pensée que pour les bons la mort leur ouvre les portes du Paradis, où ils seront dans une joie éternelle, entourés de tout ce qu'il y a de plus beau et de plus délicieux.

Quels sont ceux qui peuvent espérer de jouir de ce bonheur, leur direz-vous ?

Ceux qui aiment le bon Dieu, qui le prient non du bout des lèvres mais intérieurement. Souvent, on récite beaucoup de paroles sans prier : le bon Dieu n'a pas besoin de nos paroles, mais il veut que nous ayons confiance en sa bonté.

Dans les pratiques religieuses, n'y a-t-il pas des défauts à éviter?

En donnant l'instruction religieuse aux enfants, qu'est-ce qu'on ne doit pas oublier?

Que l'enseignement doit être proportionné à leur intelligence; qu'il faut éviter les longs raisonnements, les termes abstraits ou relevés, qu'ils ne pourraient comprendre.

Qu'est-ce qu'on ne doit jamais se permettre devant les enfants?

Les moqueries sur rien de ce qui, de près ou de loin, a rapport à la religion : il faut en parler avec un sérieux convenable; par conséquent, ne pas rire de l'habit religieux et de la vie des religieux.

Contre quoi devez-vous prémunir les filles?

Contre l'exagération. Qu'elles s'éloignent de ce qui est singulier; que leur dévotion soit simple, docile; qu'elles soient sages avec mesuré, et qu'elles regardent comme un piège la pensée de faire remarquer leur sagesse.

Quand un enfant a de la piété, est-il bon d'en parler ?

Non, il ne faut pas s'en apercevoir. C'est une grande tentation d'orgueil pour un enfant que de se croire plus avancé dans la piété, plus chrétien que ceux qu'il doit respecter.

Qu'est-ce qu'on doit éviter avec ces enfants ?

On doit éviter de blâmer leurs exagérations et de les mettre en rapport avec ceux qui les blâment. Il serait fâcheux qu'un enfant se crût obligé de discuter pour défendre sa foi. Il faut éloigner tout ce qui donne de l'importance et laisser à l'enfant sa position d'enfant.

Quel inconvénient y a-t-il à donner à la jeunesse trop de préceptes de morale ?

Les enfants s'accoutument à répéter ce qu'ils entendent avec une sorte de pédanterie, en tirent vanité et croient savoir davantage que ceux qui veulent les reprendre.

Qu'est-ce qui rend souvent nos raisonnements suspects à l'enfant ?

L'exemple des autres, l'opinion commune. Il lui semble que le bon sens veut qu'il la préfère à la nôtre et qu'il est plus vraisemblable que c'est nous qui nous trompons que tous les autres parents.

Que peut-on lui prouver par l'autorité de l'Évangile ?

Que pour bien faire, il ne faut pas suivre le plus grand nombre ; que le bien est plus rare que le mal ; il y a peu de sages et beaucoup de sots, peu de savants et beaucoup d'ignorants.

N'est-il pas essentiel d'habituer l'enfant à s'appliquer ?

C'est très essentiel : l'application aux choses sérieuses contribuerait à le rendre sérieux, car nous sommes tels que les pensées qui nous occupent.

Il faut faire étudier l'enfant modérément.

Durant le premier âge, ne doit-on pas éviter de prolonger les leçons ?

On doit l'éviter, car, en les prolongeant, on manque le but qu'on veut atteindre : on amortit la vivacité de l'intelligence. Les enfants retardés sous le rapport de l'étude, mais vigoureux et bien développés physiquement, ont un grand avantage sur les enfants plus instruits mais délicats.

N'y a-t-il pas des moments où l'enfant a besoin d'un repos complet?

Ces moments se reconnaissent au calme de l'enfant. Quand vous le voyez serein et tranquille, laissez-le jouir de sa paix, tolérez l'oisiveté.

Quelle est l'erreur ordinaire de ceux qui s'occupent beaucoup de l'éducation de leurs enfants?

Ils cherchent à développer trop tôt leur intelligence, ils sont trop pressés de leur faire faire des progrès, et par là ils affaiblissent les qualités naturelles de leurs enfants, qu'ils rendent impropres au travail. La vanité conseille toujours mal, et tout cet empressement n'est que vanité.

Que faut-il faire, au contraire?

Ne pas surcharger les enfants, les laisser se développer librement. De même qu'on ne peut ajouter à leur taille, on ne peut ajouter à leur intelligence; tous les soins, tous les efforts n'y peuvent rien : c'est ce que les parents ne devraient pas oublier.

L'ambition des parents n'est-elle pas nuisible aux enfants?

Elle leur est très nuisible et fait souven

qu'on les dirige dans un sens qui ne leur convient nullement. Comme la mère des fils de Zébédée, chacun voudrait pour ses enfants la première place : le mieux serait de n'ambitionner pour eux qu'une première place au ciel.

Que penser de cette vanité des parents qui excitent les enfants à parler pour les faire admirer?

Qu'ils font grand tort à leurs enfants; ils les habituent à parler sans réflexion, et rien n'est plus mauvais.

Est-il prudent de développer l'intelligence d'un enfant autant qu'elle peut être développée?

Non, il est plus nécessaire encore de ménager la faiblesse de l'enfant que de tirer de lui tous les fruits qu'il peut porter. Il en est de même pour la moralité : il ne faut pas demander trop de perfection; la contrainte ne vaut rien aux enfants. Ce qu'on doit chercher avant tout, c'est de diriger leur volonté vers le bien. Ce qu'ils font par force n'est plus le bien.

Quand on fait étudier un enfant, à quoi faut-il prendre garde?

A ne pas lui donner le dégoût de l'étude; et

c'est ce qui arrive infailliblement si on prolonge les leçons, si on ne sait pas les varier, les rendre distraisantes, si on attend que l'élève baille et s'ennuie.

Comment celui qui enseigne peut-il s'emparer de l'attention de l'élève ?

En prenant goût lui-même à la leçon ; alors, il trouve les expressions à la portée de l'enfant, remplace une explication par une autre, questionne, le tout avec animation, souplesse, évitant la monotonie.

Pour faire étudier les enfants, doit-on exciter leur amour-propre ?

Non, l'amour-propre trouble, agite celui chez lequel il règne ; il altère son humeur. Le mieux est de ne pas occuper les enfants d'eux-mêmes : leur intelligence et leurs progrès y gagneront.

Doit-on les préparer à l'étude de la lecture ?

On doit les y préparer en exerçant leur attention et en l'appliquant à des objets qui les intéressent. On peut leur faire remarquer mille détails dans la nature : la couleur des fleurs, la forme des insectes, les papillons avec leurs belles nuances. On peut leur montrer des gravures où ils reconnaissent et nomment une foule de choses. Tous ces petits moyens employés à propos font naître le goût de l'étude et facilitent les premiers essais de la lecture.

Faut-il annoncer cette étude comme une chose agréable?

Non; au lieu de dire à l'enfant qu'il apprend à lire pour s'amuser, il vaut mieux lui annoncer que c'est très difficile, qu'il est peut-être encore trop jeune pour s'appliquer suffisamment. Si le dégoût arrive, on peut interrompre quelques jours et dire qu'on attend qu'il comprenne mieux, que cela viendra. Avec les enfants, il faut de la persévérance, mais il faut se garder de l'obstination.

Quand l'intérêt de l'enfant est excité, qu'est-ce qu'on doit éviter?

On doit éviter de le distraire en lui parlant. Il faut le laisser oublier vous et lui-même.

Est-il bon de questionner les enfants?

Oui, en questionnant l'enfant sur ce qu'il voit, on l'oblige à bien regarder et à énoncer avec précision ce qu'il remarque.

Ne peut-on exercer son esprit en jouant?

On peut lui faire remarquer en quoi les objets diffèrent et en quoi ils se ressemblent. Quelle différence y a-t-il, lui direz-vous, entre un chat et un chien? en quoi sont-ils semblables? On peut donner à deviner une chose dont on fait la description sans la nommer. Ces sortes d'exercices amusent beaucoup les enfants, forment leur jugement et développent en eux l'esprit d'observation.

Comment donner de l'entrain à un enfant mou, apathique?

Il faut l'occuper des objets matériels plus que des idées. Quelle est la plus grande de ces deux tables? lui direz-vous; combien y a-t-il de chaises dans la chambre? de quelles couleurs sont les fleurs de cette tapisserie?

Faut-il répondre aux questions des enfants?

Oui, il faut y répondre d'une manière claire et précise, mais jamais avec de longues explications; un mot ou deux suffisent. Il vaut mieux négliger une occasion d'instruire les enfants que s'exposer à rassasier leur curiosité. Il faut éviter avant tout l'ennui, la fatigue.

L'application est-elle bonne aux enfants?

L'application suivie les engourdit; il faut qu'elle soit de très courte durée et qu'elle s'exerce sur des sujets variés.

Leçons.

Que faut-il d'abord à l'enfant ?

Il lui faut du mouvement et de la joie.

Est-il bon de présenter les leçons aux enfants comme un jeu amusant ?

Non, on ne doit jamais prétendre avoir un but qu'on n'a pas. Avec eux pas plus qu'avec les grandes personnes, on ne doit manquer de bonne foi.

Que leur dire alors ?

Que les leçons sont des choses sérieuses qu'on doit faire par devoir et par obéissance. Mais, après les avoir annoncées fort gravement, arrangez-les de façon qu'elles deviennent un plaisir.

A quel âge peut-on commencer d'introduire l'enseignement régulier ?

On a plus de facilité quand on commence tôt. Ainsi, à l'âge de deux ou trois ans, on pourrait prétendre donner une leçon qui durerait une minute ou deux ; on compterait sur ses doigts, on nommerait les objets représentés sur une image, etc.

Les leçons doivent-elles être données régulièrement ?

Oui, et à l'heure convenue.

Ne serait-il pas mieux d'attendre que l'enfant fût bien disposé ?

Non, car bientôt l'enfant s'arrangerait pour n'être jamais bien disposé.

Est-il bon de le prendre par les sentiments pour l'engager à étudier ?

Non, avec les enfants, il faut employer l'autorité et non la sentimentalité.

Dès le commencement de la leçon, que faut-il exiger ?

Il faut exiger une complète attention ; il vaut mieux une leçon très courte qu'une leçon longue prise en bâillant.

A quoi le maître doit-il être attentif ?

A n'imposer qu'un travail dans lequel l'enfant puisse réussir. Il faudrait que, dans le jeune âge, il eût toujours le plaisir du succès. Ce que l'élève apprend n'est rien pour l'avenir ; l'essentiel, c'est de le former lui-même.

Si l'on veut qu'un enfant ait du zèle, de l'entrain, que faut-il éviter ?

Il faut éviter les gronderies à l'égal des leçons trop longues et qui l'ennuient.

Dans le but de ne pas fatiguer un enfant, est-il bon de le laisser sans rien faire ?

Non, vivre dans l'oisiveté, sans règle, est mauvais même pour un enfant. Il faut lui faire faire un travail en rapport avec son âge, mais plutôt au-dessous qu'au-dessus de son intelligence.

Indépendamment de l'instruction, à quoi les leçons servent-elles aux enfants ?

Elles servent à remplir leur temps. Vient un moment où le désœuvrement les rend incommodes : un besoin d'agiter, de tourmenter, les prend ; ils impatientent ceux qui les entourent et sont eux-mêmes de mauvaise humeur. L'étude est un calmant pour leurs nerfs, une ressource précieuse pour les rendre sages.

Ne peut-on s'aider des occupations manuelles pour distraire les enfants ?

Une bonne attentive peut les associer à toutes ses occupations ; elle peut donner un plumeau à passer sur les meubles, une brosse pour ôter la poussière d'un tapis, tout en faisant une petite conversation avec celui ou celle qui l'aide dans son travail.

Sentiments des enfants. — Discussions.

Peut-on compter sur l'affection des enfants?

Non; les enfants sont des créatures légères comme les petits oiseaux. Il faut s'occuper d'eux par dévouement, sans retour sur soi-même.

Sont-ils reconnaissants?

La reconnaissance ne survit guère chez eux au bienfait qui s'est perdu dans le passé; mais si elle s'est montrée, elle pourra revenir.

Sont-ils sensibles à la pitié?

Ils ne peuvent l'être que peu; les souffrances leur étant inconnues, ils ne sympathisent guère avec ceux qui les endurent. On pourrait leur croire un mauvais cœur, tandis qu'ils ne sont qu'ignorants.

S'ils jugent de quelque chose sans le bien savoir, que faut-il leur dire?

Il faut leur faire sentir qu'ils se trompent; on les éclaire et on les prémunit ainsi contre la présomption; mais il faut éviter de leur causer une confusion trop forte et se garder de les humilier. Ils se renfermeraient en eux-mêmes et perdraient leur simplicité.

Comment faut-il les traiter?

Avec beaucoup de politesse : les approuver quand ils doutent et qu'ils demandent ce qu'ils ne savent pas. C'est le vrai moyen de leur donner du mépris pour les contestations.

D'où vient le penchant à contester ordinaire aux jeunes personnes?

Il vient d'un amour-propre trop excité; l'impolitesse a la même source : on se préfère à tout et l'on veut dominer.

Est-il bon de discuter avec un enfant qui est de mauvaise foi?

Il est mieux de couper court et de lui imposer silence. Rien de pire que ces discussions interminables où chacun veut avoir raison.

Ne pourrait-on soutenir la discussion pour lui prouver qu'il a tort, qu'il se trompe?

Il n'en conviendrait qu'à regret ou n'en conviendrait pas, et son amour-propre en resterait blessé. Il faut ménager l'amour-propre d'un enfant : il souffrira moins de se soumettre à votre autorité que d'avouer son erreur.

Quand un enfant met de la persistance à soutenir son opinion, comment le traiter s'il est de bonne foi?

S'il est de bonne foi, il faut être très indulgent, car il ne se doute pas de son ignorance ; il se croit sûr de ce qu'il dit. Ce n'est qu'avec le calme, la douceur et le temps qu'on peut l'emmener à se défier de son propre jugement.

D'où vient le ton suffisant qui déplaît chez les enfants ?

Il vient souvent de ce qu'on ne ménage pas leur amour-propre ; on les écoute comme s'ils n'avaient pas le sens commun, ils se raidissent et l'esprit d'opposition les gagne. L'enfant a besoin d'estime ; il ne faut donc pas le traiter avec dédain.

Habitudes de respect.

Qu'est-ce qu'on ne doit jamais permettre aux enfants ?

On ne doit jamais leur permettre une critique ou une légèreté de paroles sur ce qu'ils doivent respecter.

Si on tolère qu'ils parlent sans respect des absents, qu'arrive-t-il ?

Infailliblement, ils auront des formes irrespectueuses avec la personne qu'ils n'auront pas respectée en son absence.

De qui les enfants apprennent-ils souvent le manque de respect?

De leurs parents, qui ne s'observent pas devant eux et qui par là se font grand tort, car, s'ils manquent au respect qui est dû à chacun, ils détruisent le sentiment de ce qui leur est dû à eux-mêmes.

Quelle est la conséquence des habitudes de respect qu'on donne aux enfants?

On les rend ainsi polis, convenables. Un enfant habitué au respect n'est jamais insolent.

Qu'est-ce qui dispose les enfants au respect?

La reconnaissance. Traitez-les avec bonté, mais avec fermeté.

De quoi ne doit-on jamais dispenser un enfant?

Du respect qui est dû à celui qui l'élève. Rire d'un professeur, en parler sur un ton léger, est faire à l'enfant plus de mal qu'on ne pense : c'est lui nuire moralement en lui apprenant à ne rien respecter.

Que résulte-t-il encore de ces légèretés de paroles?

On nuit aux progrès des enfants, on les rend indociles en leur faisant perdre le respect et la confiance qu'ils avaient en leur professeur. L'autorité est mal obéie, ou ne l'est pas du tout, lorsque la conviction ne vient pas à son secours.

Ne doit-on pas éviter de donner aux enfants des maîtres déplaisants?

On doit l'éviter, car les enfants ont de l'aversion et du mépris pour les gens maussades, mal tenus.

Qu'est-ce qu'on devrait ne pas oublier?

Que les enfants aiment et estiment les gens agréables, qui paraissent heureux, les riches, ceux qui ont bonne mine, qui parlent bien, qui sont adroits, qui sont propres; ils s'éloignent des personnes chagrines.

Le maître peut-il se familiariser avec ses élèves?

Pas trop; le sérieux lui convient mieux que le badinage.

A quoi le maître doit-il s'attacher?

A n'avoir jamais contre eux de véritable colère et surtout à ne les maltraiter jamais injustement, ne fût-ce que d'une parole ou d'un regard.

Si le maître est injuste, qu'arrive-t-il?

L'enfant le hait ou le méprise. Il ne faut pas s'imaginer que les enfants soient aisés à tromper là-dessus; ils sentent bien s'ils ont tort ou raison et ils ont le discernement très fin pour connaître au visage les passions de ceux qui les gouvernent.

L'enjouement des enfants n'est-il pas fait pour impatienter celui qui enseigne ?

Sans doute, et cependant il faut le leur conserver le plus possible. Il vaut mieux qu'ils soient un peu trop gais que tristes et abattus contre leur naturel.

Est-il bien essentiel de se faire aimer des enfants?

Oui, car ceux qu'ils aiment ont seuls de l'influence sur eux. Les maîtres sévères qui se font craindre obtiennent l'obéissance; mais ceux qui se font aimer parviennent seuls à leur donner la volonté de faire le bien.

Qu'arrive-t-il quand les enfants ont de l'aversion pour celui qui les enseigne ?

Ils prennent l'étude en aversion autant que la personne.

Punitions.

Faut il punir toutes les fautes des enfants?

Non, il en faut laisser passer beaucoup sans faire semblant de les voir.

Quand on veut corriger un enfant, quel est le moment favorable?

Celui où vous serez parfaitement calme et où il le sera aussi. Si vous le reprenez dans la mauvaise humeur, vous ne gardez pas de mesure et vous perdez toute autorité; si vous le reprenez quand il est en colère, vous l'exposez à vous manquer de respect.

Quand un enfant a mérité une réprimande, est-il bon de conserver avec lui un air de mécontentement?

Pas trop longtemps. L'enfant, qui vous croit occupé du souvenir de sa faute, est gêné en votre présence, il évite de vous parler et s'écarte. Dès qu'on le peut, il faut pardonner, oublier, par conséquent se garder des allusions qui ne font jamais de bien.

Quand on dit qu'il faut oublier, que doit-on entendre par là?

Qu'il faut traiter l'enfant comme si sa faute était oubliée; mais cela ne veut pas dire qu'il en faille perdre le souvenir et que l'expérience que vous avez faite ne doit être d'aucune utilité.

Avec les enfants, qu'est-ce qu'on doit pratiquer avant tout?

La patience et le silence. La patience fait éviter les réprimandes précipitées et le silence nous préserve des discours inutiles qui n'amènent pas le bien.

A quoi ceux qui élèvent les enfants doivent-ils veiller?

A conserver dans leur cœur, dans leur âme, un fond de douceur. Les éducateurs seraient parfaits si ce sentiment ne s'altérait jamais chez eux, et c'est ce qui explique la supériorité des religieux dans l'éducation de la jeunesse.

Qu'est-ce qu'on ne doit pas punir chez les enfants?

On ne doit pas punir les maladresses telles qu'une robe déchirée, une porcelaine cassée; on ne doit punir que les fautes volontaires qui proviennent de mauvaises dispositions.

Quand on n'a pas l'espoir de faire céder un enfant, doit-on l'entreprendre?

Non, car on serait obligé d'employer la violence et la force, mauvais moyen qui n'améliore jamais, qui irrite toujours, indigne et ne s'oublie pas.

Dans les réprimandes qu'on fait aux enfants, qu'est-ce qu'on ne doit jamais employer?

Les expressions injurieuses, les surnoms

qui blessent l'amour-propre. On ferait plus de mal qu'on n'en empêcherait.

N'a-t-on pas souvent le tort d'exiger trop des enfants ?

On exige d'eux un sérieux dont les grandes personnes seraient souvent incapables.

A quoi doit-on s'attacher ?

A joindre l'agréable à l'utile. Sans prétendre instruire l'enfant en l'amusant, ce qui est le plus souvent impossible, il est toujours bon de supprimer ce qu'une méthode a d'ennuyeux et qu'on peut remplacer par autre chose.

Qu'est-ce qui est fort essentiel ?

C'est de faire entendre aux enfants d'une manière très claire ce qu'on exige d'eux. Il arrive souvent qu'ils ne comprennent pas bien ce qu'on leur demande ou ce qu'on leur reproche.

Moyens d'éducation.

Doit-on employer la crainte dans l'éducation ?

Très peu ; on ne doit l'employer que dans les cas extrêmes. Il ne faut pas qu'un enfant tremble devant ses parents.

Doit-on exiger des enfants qu'ils se reconnaissent coupables après leurs fautes?

Non, on ne peut pas exiger d'eux ce que des personnes raisonnables ne font pas toujours; mais, dans le temps qu'ils disent leurs mauvaises excuses, ils ne laissent pas de voir qu'ils ont tort, et souvent ils se corrigent ensuite.

Dans l'éducation, à quoi ne s'attache-t-on pas assez?

A inspirer aux enfants de bonnes intentions; les paroles, les actions n'ont de valeur que par leurs motifs.

Pour former la raison des enfants, quelles réflexions faut-il leur faire faire?

Il faut les porter à réfléchir sur ce qu'ils doivent aux autres plutôt que ce qui leur est dû à eux-mêmes. Cette direction donnée à leur esprit les disposera à plus de calme. Rien n'agite comme les préoccupations égoïstes.

Les enfants sont-ils capables d'une longue attention?

Non, chez eux l'attention est courte. S'ils vous font une question, hâtez-vous d'y répondre en peu de paroles; ils n'aiment ni l'attente ni les longs discours; pour peu que vous tardiez, ils n'écoutent plus. Voulez-vous les ramener? ils ne prennent plus d'intérêt à votre explication.

Comment leur donner de l'attention?

On peut tout au moins l'exciter par le plaisir de quelque connaissance qui les attache. On peut leur faire remarquer les beautés naturelles, les beaux ouvrages, les figures, les couleurs, les sons agréables; tout ce qui les distrait d'eux-mêmes et les rend attentifs leur est bon.

De quoi faut-il se garder dans l'éducation?

De l'esprit de système. L'expérience nous enseigne à n'appliquer nos idées qu'avec réserve et lenteur. Telle punition appropriée à la faute sera trop forte ou mauvaise pour l'enfant. Il ne faut pas avoir de parti pris. La fermeté est bonne, nécessaire; mais la raideur ne fait pas de bien; elle est sèche, dure et fait souffrir l'enfant sans l'améliorer. Toute souffrance qui n'améliore pas est mauvaise et doit être évitée.

Qu'est-ce qu'on ne doit pas perdre de vue?

On ne doit pas perdre de vue les chances de la vie; il est des hasards, des négligences, des mécomptes qu'on ne peut pas prévoir; des idées, des habitudes qui viennent aux enfants on ne sait comment : il faut préparer le terrain, le rendre bon pour que le mal n'ait pas de prise; mais il serait chimérique de croire qu'on peut toujours l'éloigner des enfants.

La vivacité de leurs témoignages est-elle en rapport de leurs sentiments?

Non, chez eux la vie est en dehors : ainsi un enfant embrasse sa mère plus qu'il ne l'aime; il crie plus qu'il n'a de chagrin; il rit plus qu'il ne s'amuse. C'est l'opposé de l'âge avancé où tout est intérieur et ne se manifeste qu'avec discrétion.

Former les enfants à la politesse.

D'où vient que les enfants sont timides et sauvages avec les personnes qu'ils connaissent peu? L'éducation n'a-t-elle pas quelque chose à se reprocher à cet égard ?

On répète sans cesse aux enfants : « Que dira-t-on de vous si vous faites ceci, si vous faites cela? Si quelqu'un vient, comment vous trouvera-t-il vêtu ? » On leur fait redouter l'arrivée de témoins sévères prêts à les juger rigoureusement.

Comment devrait-on s'y prendre pour éviter ce défaut?

Au lieu de fixer l'attention de l'enfant sur le jugement qu'on porte de lui, il faut lui donner le désir d'obliger : recommandez-lui d'avoir de petites attentions pour les personnes que vous recevez, comme d'apporter un tabouret, d'offrir un écran, d'aller chercher une chose qu'on demande ou qu'on a oubliée : l'idée d'avoir fait plaisir lui donnera de l'entrain et le mettra à l'aise.

Doit-on lui donner des habitudes de politesse?

Certainement; la nécessité d'être continuellement les uns avec les autres oblige à avoir des dehors qui rendent la société agréable et commode.

D'où viennent la rudesse, l'incivilité?

Elles viennent ou d'orgueil, ou de mépris des autres, ou de facilité à se mettre en colère. Celui qui est patient, modeste, n'est jamais incivil.

Pour former les enfants à la politesse doit-on leur faire faire des mensonges inutiles?

Non; la politesse ne consiste point à faire des compliments qu'on ne pense pas. En rendant les enfants bienveillants, obligeants, on les formera à la vraie politesse et on les rendra bien plus aimables.

Qu'est-ce qu'il est bon de supprimer devant eux ?

Les politesses exagérées, les fausses protestations d'amitié qui ne trompent personne.

Doit-on corriger chez les enfants les défauts extérieurs ?

On doit tâcher de les corriger, car ils peuvent nuire plus tard : ainsi, des manières maladroites, une mauvaise prononciation, un ton criard ou commun sont des défauts innocents qui peuvent empêcher de réussir dans bien des carrières et qui déplaisent en société.

La grossièreté surtout n'est-elle pas un défaut bien désagréable ?

La grossièreté rebute tout le monde et inspire un dégoût qui fait qu'on évite d'avoir affaire aux personnes dont on redoute la rusticité.

Qu'arrive-t-il quand on néglige cette partie de l'éducation ?

Les enfants habitués au sans-gêne dans leur famille ne sont pas à leur aise dans la bonne société ; ils y sont embarrassés, contraints et ne s'y plaisent pas. Ils n'ont de goût que pour la mauvaise compagnie.

A quoi faut-il veiller?

A ce qu'ils ne prennent pas un ton rude, à ce qu'ils ne se servent pas de mots grossiers, à ce qu'ils n'aient dans leurs manières rien de brusque. Les enfants bien élevés dans leur famille ont dans le monde une aisance que les autres n'acquièrent jamais.

A quoi faut-il veiller encore?

A ce que les enfants ne parlent pas sur un ton impérieux, hautain. On remarque avec étonnement qu'il est des familles où ils prennent ce ton avec leurs parents. Il est facile de leur faire comprendre combien il est ridicule de vouloir dominer alors qu'on dépend de tout le monde.

A quoi doit-on accoutumer les enfants?

A ne pas chercher leurs aises, à se suffire à eux-mêmes quand c'est possible, et, pour cela, éviter de les servir et d'être à leurs petits soins.

Est-il bon de leur faire faire à l'occasion quelque ouvrage grossier?

Oui, ils s'en trouvent fort bien; cela les fortifie et les habitue à surmonter leur délicatesse naturelle.

Ne devrait-on pas leur faire remarquer qu'on ne doit point se rendre incommode?

Si on pouvait le leur persuader ce serait une bien bonne chose.

Doit-on leur faire éviter l'indiscrétion?

Oui, on le doit : une personne indiscrète fait tout mal à propos, elle entre à contretemps, elle sort de même.

D'où vient l'indiscrétion?

De la préoccupation de soi; c'est ce qui fait qu'on ennuie, rien ne rend si désagréable dans la société.

Comment éviter ce défaut?

Il faut être occupé des autres plus que de soi.

Pour corriger les défauts extérieurs, comment s'y prendre?

Il faut s'adresser au goût naturel pour ce qui est bien : ceci ne convient pas, dira-t-on, cela est déplaisant. Gardons-nous de parler de telle manière, ce serait trop maussade. Mais ne laissez pas penser à l'enfant qu'il peut être remarqué.

Quand on reprend un enfant de sa mauvaise grâce, qu'est-ce qu'on ne doit pas faire?

On ne doit jamais le contrefaire ni le pousser en le rudoyant.

Quand les enfants ont perdu la gentillesse des premières années, comment doivent-ils être traités?

Ils doivent être traités avec quelques égards de plus; c'est le contraire qui arrive ordinairement : on leur reproche d'être dans l'âge des disgrâces, on les mortifie, on les rudoie, ce qui est injuste. Il leur en reste des souvenirs amers qui durent quelquefois longtemps.

Ne peut-on tâcher de corriger ce que cet âge a de maussade?

Le plus sage est de ne pas s'en occuper. L'extérieur est l'accessoire; il faut attendre sans impatience le moment où il devient gracieux naturellement et sans soins.

Faire comprendre que tout le mérite n'est pas dans les formes extérieures.

Tout en formant les enfants aux manières de la bonne société, à quoi faut-il prendre garde?

A ce qu'ils ne s'attachent pas uniquement aux formes extérieures. Il faut qu'ils soient persuadés qu'on trouve souvent des gens de mérite qu'il est bon de connaître et de fréquenter bien qu'ils aient le vernis déplaisant d'une mauvaise éducation.

Faudra-t-il enseigner les enfants à devenir communs avec les gens grossiers?

Non, habituez-les à être toujours simples, à conserver des manières naturelles, à ne pas s'occuper d'eux-mêmes, et ils ne croiront pas devoir changer leur langage pour parler comme les gens mal élevés.

N'y a-t-il pas des préjugés fâcheux dont il est bon de les préserver?

On peut leur faire entendre qu'il est absurde de mépriser ceux qui font un travail utile et dont tout le monde a besoin; qu'on ne doit pas dédaigner une cuisine, une basse-cour, un marché; attendu que la personne la plus élégante, la plus distinguée naît, vit et meurt comme le commun des mortels.

Ne leur est-il pas utile de voir travailler les ouvriers?

Cela leur est très utile : qu'ils voient faire le pain, les étoffes; qu'ils voient travailler les menuisiers, les maçons, les laboureurs, tout cela les instruit et leur donne du bon sens.

Corrections, récompenses, encouragements, sentiments.

Une correction ne pourrait-elle pas être funeste?

Elle pourrait l'être si on employait des ressorts dangereux tels que la vanité, la jalousie. On doit éviter les punitions humiliantes.

Les récompenses ne sont-elles pas quelquefois mauvaises?

Elles sont mauvaises quand on donne ou quand on promet aux enfants des choses qui flattent la vanité, quand on loue en eux les qualités qui ne sont que des dons naturels, comme la beauté, l'esprit, la toilette.

Qu'est-ce qu'on peut louer chez les enfants?

On peut louer avec mesure leur bonne conduite, leur application, leur obéissance, leur propreté.

Sur quel ton doit-on adresser ces louanges?

Sur le ton de l'encouragement, jamais sur le ton de la flatterie; de plus, ces louanges doivent être rares.

Qu'est-ce qui doit encore être rare?

Les menaces. Il est des mères qui menacent constamment et qu'on n'écoute plus. Leurs enfants deviennent cachés, menteurs.

Qu'est-ce qu'une mère ne doit jamais dire à son enfant pour le punir?

Elle ne doit jamais lui dire : « Je ne vous aime plus. » Un enfant ne doit pas même supposer que sa mère pourrait ne plus l'aimer.

Ne peut-on souvent substituer les encouragements aux punitions?

On le peut et on réussit mieux. Ainsi, pour corriger un défaut, attachez-vous à développer la qualité contraire; pour combattre le goût du mal, faites naître le goût du bien.

Comment y réussir?

En dirigeant la volonté des enfants sans l'assujettir; en restant toujours de bonne foi avec eux pour toute chose.

Quand un enfant est puni, comment le traiter?

Tout en gardant la dignité voulue et sans avoir l'air de s'occuper de lui, il est bon de ne le laisser pas trop livré à lui-même : la solitude l'aigrit et ne lui donne pas le regret de sa faute. Il faut lui fournir les moyens de rentrer en grâce le plus tôt possible.

Une punition prolongée peut-elle produire de bons effets?

Rarement : passé un certain temps, l'enfant se console; il n'en résulte que de la froideur.

Ne doit-on pas craindre les mauvais sentiments plus que les infractions à la règle?

Beaucoup plus. C'est sur les sentiments qu'il faut veiller et porter tous les soins.

Comment combattre un mauvais sentiment?

Il faut ne pas faire remarquer à l'enfant ce mauvais sentiment et lui faire aimer le sentiment contraire. Ainsi, à celui qui veut tout garder pour lui, donnez le plaisir de porter quelque chose à un pauvre ou de faire à des amis un cadeau qui ne lui coûte rien. A un enfant jaloux, donnez la garde de son petit frère et traitez-le avec confiance.

Y aurait-il quelque avantage à faire honte à l'enfant?

Non, on risquerait de fortifier une disposition dont il n'a pas conscience et qu'on effacera avant qu'il s'en doute. Il ne faut pas lui enlever l'estime de lui-même.

Pour qu'une punition soit bonne, qu'est-ce qu'il faut surtout ?

Qu'elle soit juste. Aussi faut-il éviter avant tout de punir dans un moment de colère; la punition ressemblerait à une vengeance, et l'enfant pourrait douter de l'affection de ses parents. Il ne faut pas qu'il puisse penser et dire : « Vous ne m'aimez pas. »

Faut-il prendre part aux joies des enfants ?

Oui ; un enfant qui se sent heureux aime mieux ses parents et le leur témoigne. Répondez à ses tendresses et à sa joie.

Malveillance, bienveillance.

Quel esprit doit-on éviter de donner aux enfants ?

L'esprit de dénigrement et de blâme qui gâte même leur physionomie. Rien ne les rend gracieux et ouverts comme la bienveillance.

Quel inconvénient ce mauvais esprit présente-t-il encore ?

Il se glisse même dans les rapports de famille ; les frères, les sœurs, les parents se regardent et se posent en adversaires, ce qui rend toutes les relations fort désagréables.

Qu'est-ce qui résulte de cette disposition malveillante?

Le goût de la moquerie.

La moquerie n'est-elle pas contraire à la charité?

Tout ce qui blesse le prochain est contraire à la charité, et la moquerie le blesse vivement. La jeunesse n'a pas conscience de cette cruauté, c'est un passe-temps pour elle, une manière de s'égayer qui devient une habitude; il est bien essentiel de réprimer ce défaut dès qu'il se montre.

N'est-il pas un autre défaut contre lequel il faut bien se tenir en garde?

Ce défaut, c'est la médisance. On doit, au contraire, s'attacher à dire du bien du prochain, et, avec un peu de bonne volonté, on trouve toujours à en dire, tout en restant dans le vrai. Il faut inspirer aux enfants l'idée de rendre service, de faire plaisir aux autres : tout ce qui est conforme à l'esprit du bon Maître les rend aimables et heureux.

Est-il facile de rendre les enfants bienveillants?

Oui, avec quelque soin on le peut facilement. Un étranger sort de chez vous : demandez à l'enfant ce qu'il pense de cette personne; dites-lui : Nous ne nous occupons pas des défauts, nous parlons seulement des bonnes qualités. S'il est embarrassé, mettez-le sur la voie, il trouvera bien quelque chose à dire; s'il réussit, faites-lui honneur de sa remarque, applaudissez. Quand cet étranger reviendra, l'enfant le recevra d'un air satisfait, il lui sourira.

Le contraire n'arriverait-il pas si on disait en sa présence du mal de cet étranger?

L'enfant serait contraint, gêné. L'étranger peut juger par l'accueil des enfants du degré d'estime ou de sympathie qu'on a pour lui dans la famille.

Les enfants aiment-ils ceux qui leur inspirent la malveillance?

Non; tout en subissant leur influence, ils ne les aiment pas. Ils ont une sorte de rancune contre ceux qui éveillent en eux de mauvais sentiments.

Que remarque-t-on chez les enfants?

Que dans leur famille ou dans la société, les plus doux, les pacifiques, les conciliants ont toutes leurs préférences.

Liberté, Confiance.

Faut-il laisser quelque liberté aux enfants?

Il faut leur laisser toute la liberté dont ils peuvent user sans se nuire.

La liberté ne doit-elle pas être proportionnée à l'âge?

Elle doit être toujours en rapport de l'âge; il en faut plus à l'adolescence qu'à l'enfance, à la jeunesse plus qu'à l'adolescence.

Qu'arrive-t-il si on ne laisse aucune liberté aux enfants?

Ils sont gênés avec leurs parents, prennent en dégoût la maison paternelle et ne rêvent que liberté.

A quoi les parents doivent-ils tenir surtout?

A garder la confiance de leurs enfants, ce qu'ils n'obtiendront pas par la défiance et la surveillance minutieuse de tous les moments.

Quelle est souvent l'erreur des parents?

C'est de ne savoir pas se placer au point de vue des enfants, et c'est ce qu'ils doivent faire pour les comprendre et les diriger. La sagesse de l'âge mûr et la légèreté de l'enfance ne peuvent se joindre si les parents ne veulent pas se souvenir de leur jeune temps.

Qu'est-ce que les parents devraient ne pas vouloir ?

Ils devraient ne pas vouloir être trop sages, du moins ne l'être pas avec trop de gravité. L'extérieur solennel glace les enfants.

La confiance n'améliore-t-elle pas le caractère des enfants ?

Elle les rend gracieux, ouverts; mais, pour l'obtenir ou la conserver, il ne faut pas la trahir : ainsi les conversations faites à leur intention, les scènes arrangées, les rapports faits à leur insu, toutes choses qu'ils pénètrent fort bien, les rendent méfiants et ils se tiennent sur leurs gardes.

Qu'est-ce qui est très bon pour le caractère des enfants ?

C'est de vivre avec des personnes qui ont un fond de bonne humeur, de gaieté, d'indulgence. Il est à remarquer qu'ils se plaisent avec les personnes jeunes et rieuses bien plus qu'avec les gens sérieux, âgés. Les parents devraient s'attacher à faire régner dans leur famille une gaieté habituelle.

Jeux. — Moyens de gouvernement.

Quels sont les jeux qui conviennent aux enfants ?

Ceux qu'ils inventent sont ceux qu'ils préfèrent. Si vous leur proposez des jeux instructifs, ne les proposez pas comme jeux, mais comme leçons : la leçon sera amusante, c'est ce qu'il faut. Pour les jeux, laissez faire les enfants. Il suffit de les observer avec un visage gai et bienveillant.

Les jeux qui dissipent et qui passionnent sont-ils bons pour les enfants ?

Non, ils préparent l'ennui et le dégoût. Les plaisirs simples, la campagne, leur conviennent mieux que les spectacles et les bals d'enfants.

Ne doit-on pas éviter de donner trop de joujoux aux enfants ?

On ne doit leur donner que ceux avec lesquels ils peuvent jouer, et ne les leur donner qu'en petit nombre. Ils sont blasés quand ils en ont à profusion.

Comment doit-on traiter un enfant indolent ou timide ?

Il faut l'égayer, éveiller son goût pour une chose ou pour une autre, l'encourager, remarquer ses moindres succès et les lui faire remarquer ; lui laisser grande liberté, éviter de lui donner des règles gênantes.

Est-il bon d'employer avec lui l'émulation ?

Avec une grande réserve, car il faut éviter la jalousie avant tout. Ne le mettez en rapport qu'avec des enfants qui ne fassent guère mieux que lui et qu'il puisse égaler s'il en prend la peine.

Ne doit-on pas quelquefois parler aux enfants timides sur un ton rude ou sévère ?

Non ; rien ne renfonce tant au dedans de lui-même un enfant mou ou timide que la rudesse.

Qu'est-ce qui mène l'enfant à tout ce qu'on veut de lui ?

C'est l'amitié ; aussi le choix dans ses affections est bien essentiel. Celui qu'il aime le gouvernera malgré vous et à votre insu.

Les filles ne sont-elles pas sujettes à se passionner pour ou contre les personnes, pour ou contre les choses ?

Elles sont toutes pleines d'affections ou d'aversions sans fondement, trouvent parfait tout ce qu'elles aiment et ne voient que des défauts dans ce qu'elles n'estiment pas.

Comment corriger ce travers?

Il ne faut pas d'abord s'y opposer, encore moins s'impatienter, car la contradiction fortifierait ces fantaisies, qui deviendraient de l'entêtement. Il faut prendre patience, et, peu à peu, revenant sur le passé, leur rappeler les erreurs où elles tombaient quand elles étaient plus jeunes; leur faire remarquer avec bienveillance le bien et le mal qu'on trouve dans tout; mais ces conversations doivent être amicales et sans irritation aucune.

Faut-il louer les enfants quand ils le méritent?

On les découragerait si on ne les louait jamais; mais il faut craindre, dans les louanges, l'exagération, la flatterie, qui amènent la vanité et qui enivre.

Quelles sont les meilleures récompenses qu'on puisse donner aux enfants?

Celles qui les font sortir d'eux-mêmes et éveillent leur intelligence : ainsi une partie de campagne, une visite à un musée ou à une fabrique, un petit voyage; on peut donner aussi comme récompense des images, un beau livre, des choses qui intéressent les enfants en dehors de leur petite personne.

Occupations et distractions.

Qu'est-ce qui cause ordinairement l'humeur, la mutinerie chez les enfants?

C'est presque toujours l'ennui; le secret de les rendre sages, c'est de donner de l'occupation à leur esprit.

N'est-il pas à souhaiter que les enfants soient occupés sans qu'on s'occupe d'eux?

C'est ce qu'il faudrait, et c'est ce qui arrive dans les familles où la mère travaille dans son ménage; toutes les occupations que les enfants comprennent et auxquelles ils prennent part : savonner, repasser, préparer le repas, leur inspirent le désir de se rendre utiles et les amusent beaucoup.

Ne peut-on aisément leur donner le goût de l'ordre?

Le besoin de voir chaque chose rangée à sa place devient naturel chez eux, pour peu que nous paraissions l'éprouver nous-mêmes.

A quoi est-il bon d'employer les enfants?

A des soins étrangers à eux, à des arrangements d'intérieur : la maison, le jardin, les fleurs, les fruits que l'on cueille, tout cela peut les intéresser et les occuper.

Qu'est-ce qu'il est bon de leur faire remarquer à la campagne?

Tout ce qui a rapport à l'histoire naturelle et qu'ils voient dans les livres : les insectes, les plantes, les divers animaux, les travaux des champs.

A la ville, de quelles choses peut-on les instruire?

On peut les instruire en leur faisant connaître l'usage, le prix des divers objets exposés dans les boutiques. Dans les squares, on peut remarquer avec eux les plantes, la culture soignée. Le marché aux fleurs et le marché aux légumes sont aussi pleins d'intérêt. Ce sont des promenades en même temps que des leçons. On peut tirer parti de tout pour faire du bien aux enfants.

Il faut tolérer le mouvement continuel des enfants.

Qu'est-ce que les enfants aiment surtout?

Ils aiment le mouvement, les jeux bruyants, autant les filles que les garçons; mais en laissant à celles-ci toute l'indépendance nécessaire, il est bon de leur faire adopter des manières convenables à leur sexe.

Ne remarque-t-on pas que les enfants remuent constamment quand on leur enseigne quelque chose?

Ces mouvements des pieds et des mains proviennent d'une activité qu'ils ne pourraient réprimer que par un intérêt très vif; nos leçons n'éveillent pas chez eux cet intérêt. Aussi devons-nous tolérer un peu cette gymnastique fatigante pour celui qui enseigne.

Les défenses, les exhortations à la sagesse ont-elles un bon résultat?

Non, on doit rendre les unes et les autres aussi rares que possible. Celui qui ne sait pas élever est celui qui défend le plus.

N'y a-t-il pas des intervalles où les enfants ont besoin de beaucoup de ménagements?

Oui, ce sont ceux où ils paraissent frappés d'incapacité sans que leur santé soit visiblement altérée. On les tourmente beaucoup dans ces moments, où pourtant il est vraisemblable qu'ils sont soumis à quelque influence physique. Le mieux alors est de les laisser en paix et d'attendre sans impatience le retour des progrès.

Quand faut-il imposer une occupation à un enfant?

Quand vous le voyez inquiet, ennuyé, désagréable aux autres, imposez-lui un travail vulgaire, faites-lui faire un exercice quelconque; tout vaut mieux que le désœuvrement.

Est-il bon de laisser aux enfants toute la liberté de leurs mouvements?

C'est excellent quand on les emmène à la campagne, à la promenade pour leur faire faire de l'exercice; mais il est bien mieux de les habituer à rester tranquilles, à s'observer en présence des parents et des amis de la famille. Ils acquièrent ainsi des habitudes de politesse, on les civilise pour l'avenir. Les enfants accoutumés à l'excès de la liberté sont timides, gauches, et ressemblent à de petits sauvages quand ils sont en bonne compagnie.

Y a-t-il avantage à conduire quelquefois les enfants dans des réunions?

Oui, mais il faut les y emmener rarement, uniquement pour qu'ils ne soient pas étrangers à la société et ne se fassent pas des amusements du monde une idée exagérée.

N'a-t-on pas à craindre une perte de temps?

La perte de temps que l'on a à craindre est celle qui devient habitude : les lambineries qui font mettre au travail le double de temps qu'il ne faudrait; les allées et les venues inutiles, voilà la perte de temps qu'il faut éviter. Quant à quelques distractions prises de loin en loin, elles sont plutot bonnes et même nécessaires : l'enfance a besoin de plaisir.

Qu'est-ce qu'on doit faire comprendre aux enfants?

Que les divertissements ne doivent pas empiéter sur les devoirs, que le travail est la seule affaire et qu'on peut se passer d'amusements.

Les blessures d'amour-propre que les enfants reçoivent en société ne leur sont-elles pas utiles ?

Elles sont très bonnes pour eux. Là ils sont isolés et sentent leur insignifiance; la protection de leurs parents leur manque; ils apprécient bien plus alors les complaisances et la bonté maternelle.

Comment on préserve les enfants de la jalousie.

La longue excitation de l'amour-propre chez les enfants n'a-t-elle pas de terribles conséquences?

Elle les prédispose à la jalousie, à l'envie. Cette dernière passion cause une souffrance qui dure toute la vie, car elle trouve toujours à s'alimenter.

Qu'arrive-t-il quand les parents ont l'imprudence de laisser voir quelque préférence entre leurs enfants?

Celui qui se croit traité injustement s'isole et n'aime plus que lui-même; il veut être préféré à tout et devient jaloux.

D'où vient la jalousie?

Elle vient de l'égoïsme. Les natures dévouées ne sont point sujettes à la jalousie. Si les enfants sont souvent jaloux, c'est qu'on a négligé de développer chez eux les sentiments affectueux.

De quoi doit-on se garder avec soin?

De s'occuper sans cesse des enfants et de les habituer à s'occuper d'eux-mêmes au lieu de leur apprendre à tourner leur attention hors d'eux-mêmes.

Pourquoi faut-il avant tout empêcher les enfants de s'occuper d'eux-mêmes?

Pour les rendre bons et heureux : une âme sereine jouit gaiement de mille plaisirs ; un misérable retour sur soi rétrécit l'esprit et assombrit le caractère.

Que doit-on faire pour préserver les enfants de la jalousie?

Il faut leur faire trouver de la joie à ce qu'ils peuvent faire pour autrui, leur donner envie d'obliger, de faire plaisir, les habituer aux attentions, pour les amis, même pour les étrangers, pour les nouveaux venus. Rien de plus mal imaginé que de témoigner de l'ennui devant eux quand arrive quelqu'un et de ne vouloir se déranger pour personne.

De quoi faut-il se garder?

De comparer deux enfants l'un à l'autre, surtout entre frères. On peut comparer un enfant à lui-même, lui dire : « Il y a un an, vous faisiez telle chose ; cette année, vous devez faire plus et mieux, comment n'y a-t-il pas progrès? »

Les comparaisons peuvent-elles rendre l'enfant orgueilleux ?

Elles peuvent le rendre orgueilleux quand il se compare à ceux qui lui sont inférieurs. Dès qu'on s'aperçoit de cette gloriole, il faut le rappeler à la justice : « Vous jouez mieux au volant que celui-là, lui direz-vous, mais il saute à la corde mieux que vous. »

Quand on laisse un enfant se prévaloir de sa supériorité sur ses camarades, qu'en résulte-t-il ?

Il les méprise et devient insolent. L'insolence se fonde sur le mépris des autres et ne doit jamais être tolérée chez les inférieurs. Elle ne se manifeste que là où le respect n'est pas.

Quels sont encore les inconvénients que présentent les comparaisons entre enfants ?

Il en résulte une disposition à l'injustice, à la jalousie, au détestable plaisir de découvrir les défauts d'autrui, de rabaisser les autres. Quand deux enfants sont en concurrence, il s'établit entre eux une rivalité qui les pervertit. Il n'est pas d'avantage qui puisse compenser de tels inconvénients.

Quand un enfant a quelque succès faut-il le citer comme exemple?

Non, mais on annonce ce succès comme une bonne nouvelle dont il faut se réjouir.

Quand un enfant est puni doit-on encourager les jeux des autres pour lui donner du regret?

Non, ce serait mauvais pour tous : pour le coupable que cela aigrirait, et pour ses frères qui ne prendraient aucune part à son chagrin.

Ne doit-on pas éviter tout ce qui peut altérer l'affection fraternelle?

Non seulement on doit l'éviter, mais on doit favoriser l'intimité, l'union, la conformité de vues et d'intérêts.

Une mère, une bonne qui aiment beaucoup un enfant ne doivent-elles pas se tenir en garde contre la jalousie?

Elles doivent être sans inquiétude et rester persuadées qu'elles ne peuvent attendre d'un enfant d'autre bonheur que celui de l'aimer pour lui-même, que tout est fugitif dans ces jeunes cœurs, que les préférences qu'ils manifestent n'ont aucune durée.

N'est-il pas des enfants exempts de jalousie?

Il est des enfants d'une excellente nature

qui ne sont point enclins à la jalousie, mais qu'il faut quelquefois soutenir contre le découragement; avec eux, il faut remarquer tous les progrès quelque petits qu'ils soient et s'en réjouir : on leur donne ainsi la confiance en eux-mêmes qui leur manque.

Comment il faut traiter les enfants dans diverses occasions.

Quand les enfants ne réussissent pas dans ce qu'ils font, que faut-il éviter?

Il faut éviter de les décourager.

Que faut-il soutenir chez eux?

Il faut soutenir la bonne volonté par les encouragements et se montrer indulgent pour les fautes d'irréflexion, de légèreté.

Est-il bon de louer le travail des enfants?

Pas trop; si le travail est bien fait, un mot d'approbation suffit et il n'en faut plus parler.

Que doit-on faire les jours où les enfants sont irritables, prêts à la révolte?

On doit éviter les remontrances, couler cela doucement et, peut-être, le lendemain tout sera changé, la mauvaise humeur aura disparu.

A quoi faut-il prendre garde?

A ne point aigrir les enfants en les poussant à bout. Il faut commander sans changer de ton ni de visage, avec douceur et fermeté.

Les enfants ne remarquent-ils pas les défauts de ceux qui les gouvernent?

Ils les remarquent et font peu de cas des personnes qu'ils n'estiment pas. Il faut leur paraître irréprochable.

Ne savent-ils pas profiter de leurs remarques?

Ils savent fort bien comment s'y prendre avec ceux qui les entourent pour obtenir ce qu'ils désirent.

Dans les refus qu'on oppose aux demandes des enfants, ne doit-on pas éviter la raideur?

Sans doute, on doit l'éviter; non qu'il faille céder à leurs importunités, à leurs sollicitations indéfiniment prolongées et opiniâtres, mais il faut prendre garde à ne pas les chagriner quand ce n'est pas nécessaire; il ne faut pas être de glace si on ne veut pas leur en communiquer la froideur.

Peut on laisser se prolonger les sollicitations des enfants?

Non, elles doivent avoir un terme assez

court; mais, lorsqu'elles n'ont rien de déraisonnable, il n'est pas bon de les repousser dès le premier mot d'une manière irrévocable. La fermeté exagérée a quelque chose de dur qui ne gagne pas la confiance des enfants.

N'est-il pas sans inconvénient de traiter un enfant comme un être sans conséquence qu'on n'écoute pas et qui doit seulement obéir?

C'est mal imaginé, car alors l'enfant s'isole de ses parents; il faut, au contraire, le traiter comme un être raisonnable en qui on a confiance; sa raison et son caractère y gagneront.

Quand il n'y a pas communication de sentiments entre l'enfant et ses parents, qu'arrive-t-il?

L'enfant en devient plus égoïste. Préoccupé de ses propres intérêts, l'idée des intérêts et des sentiments des autres ne lui vient pas. Il est isolé de cœur et d'intelligence.

Quand les parents poussent la complaisance trop loin, n'y a-t-il pas un autre inconvénient?

L'enfant s'imagine alors que tout lui est dû, que son plaisir est une chose importante, qu'il est nécessaire qu'il s'amuse.

Quelle influence cette éducation aura-t-elle sur son caractère ?

Une influence amollissante; il n'aura pas le goût du travail; à une vie sérieuse, il préférera de frivoles amusements.

Doit-on souffrir que les enfants fassent des rapports ?

Sans les défendre positivement, il faut les décourager, montrer qu'on en fait peu de cas.

Travail. — Bonne volonté.

Est-il bon d'habituer de bonne heure les enfants au travail ?

Oui, et pour cela il faut le leur rendre attrayant, ce qui est presque toujours possible; puis, en le ménageant, en le variant, le faire suivre de récréations d'autant plus amusantes et prolongées que le travail a été plus difficile.

Comment peut-on habituer les enfants à travailler avec ordre et activité ?

En les laissant disposer de leur temps quand le travail est fait. On voit des petites filles se presser d'apprendre leurs leçons et faire vite leurs devoirs pour aller s'occuper plus longtemps de leurs poupées.

Ne doit-on pas former les enfants au silence?

On doit y former les filles surtout, car rien ne leur sied si mal que de toujours parler, quand même elles parleraient à merveille.

Qu'est-ce qui leur sied bien mal encore?

L'humeur contrariante. On en voit qui ne s'accommodent de rien, ni des personnes, ni des choses; qui sont toujours d'un avis différent de celui des autres. Il faut leur faire comprendre qu'on ne doit pas trouver des difficultés à tout si on ne veut se rendre tout à fait désagréable.

De quoi doit-on les engager à se défaire?

De la pente naturelle qu'on a à s'excuser. Il faut leur faire aimer la bonne foi qui fait qu'on ne cherche pas les mauvaises excuses mais qu'on avoue ses torts avec simplicité.

N'est-il pas bien essentiel d'entretenir chez les enfants la bonne volonté?

S'ils n'ont pas la bonne volonté, on ne peut rien pour leur éducation; il est donc indispensable de la faire naître, de la conserver et de la ménager comme une chose fragile : aussi doit-on s'appliquer à éviter les découragements, les déceptions. Il faut conserver l'entrain, le courage, tout ce qui anime la vie. Rien de mauvais comme les paroles de blâme qui reviennent à tout propos, les gronderies fréquentes, qui font que parents et enfants sont en opposition et se regardent comme des adversaires.

Que doit-on faire comprendre à un enfant?

Qu'il n'est rien de mieux et de plus agréable que de se faire un bon caractère; un caractère facile, qui s'accommode de tout, qui prend tout gaiement; qui travaille à l'étude, qui rit et chante à la récréation, qui mange bien à table, qui est bon enfant avec les gens difficiles; qui contente ainsi tout le monde et lui-même le premier.

Qu'est-ce que ceux qui élèvent les enfants ne doivent pas perdre de vue?

Que l'exemple a un pouvoir étonnant. Les enfants jugent bien plus par ce qu'ils voient faire que par ce qu'ils entendent dire. Le maître peut, par son exemple, les induire au bien ou au mal.

Qu'est-ce qui décide de tout chez les enfants?

La sympathie et l'imitation : l'une est le principe de leurs sentiments, l'autre celui de leurs actions. Les enfants ne copient pas tout ce qu'ils voient faire, ils ne suivent que les exemples qui s'accordent avec leurs inclinations.

Les enfants ne sont-ils pas quelquefois pleins de suffisance?

Comme le Pharisien, ils se comparent à leurs camarades qu'ils regardent comme au-dessous d'eux. Il faut alors attirer leur attention sur leurs propres défauts et les engager à se juger eux-mêmes.

A quoi est-il bon de les habituer?

A se mettre toujours à la place d'autrui pour juger dans cette position de ce que nous pouvons approuver en eux et de ce que nous n'approuvons pas.

A quoi faut-il prendre garde?

A ne pas pousser les enfants à la colère par des sévérités injustes ou même outrées.

Que doit-on éviter?

On doit éviter de les tromper même dans les plus petites choses. Ne leur dites rien qui ne soit vrai, ou ne leur parlez pas. Tout ce qu'on invente leur est mauvais; ils sont moins dupes qu'on ne pense.

Que faut-il éviter encore?

De les pousser à dissimuler leurs méfaits par de trop fortes menaces ou des réprimandes excessives.

A quoi faut-il les encourager?

A faire des aveux : que toute faute confessée soit une faute pardonnée.

Par quoi ne faut-il pas les fatiguer?

Par des exigences minutieuses ou trop multipliées.

Faut-il être indulgent avec eux?

Oui, il faut savoir leur passer beaucoup de choses. Ne vouloir rien tolérer ne serait ni juste ni bon.

Qu'est-ce que celui qui élève ne doit jamais oublier?

Qu'il doit séparer ses intérêts de ceux de cet enfant et les lui sacrifier. Il n'a d'autorité sur cette petite créature que pour la protéger et lui faire du bien.

A mesure que l'enfant grandit, ne doit-on pas lui laisser plus de liberté?

On doit lui laisser une liberté progressive de manière qu'il se sente toujours libre. L'habitude de la liberté en diminue le danger.

Ne doit-on pas craindre qu'un enfant n'abuse de sa liberté?

Il faut la mesurer à son âge et à ses forces, mais il est nécessaire qu'il apprenne à s'en servir.

L'usage de la liberté ne donne-t-il pas des avantages immédiats?

Il affaiblit beaucoup l'attrait des plaisirs défendus.

Élever les enfants avec soin et indulgence.

Est-il prudent de reprendre les enfants quand on se sent ému?

Non; pour reprendre convenablement et avec fruit, il faut se posséder parfaitement; si vous êtes ému, remettez à une autre fois ce que vous avez à dire.

Les enfants n'essaient-ils pas de la flatterie pour nous gagner?

C'est un des moyens qu'ils emploient; mais il ne faut pas leur laisser croire que la flatterie puisse réussir.

De quels termes peut-on se servir avec les enfants?

Toujours de termes polis. Il ne faut pas

les habituer à des expressions malsonnantes.

Quel inconvénient y a-t-il à punir souvent pour des fautes légères?

Les pénitences ne font plus d'impression, on s'y habitue. Il suffit quelquefois pour punir de prendre un air sérieux sans dire un mot.

Comment doit-on traiter les enfants?

Avec douceur et fermeté. C'est la conduite de Dieu, ferme dans sa fin où il faut toujours aller, doux dans les moyens dont il faut se servir.

Sur quoi doit-on être sévère?

Sur les réponses. Il faut exiger qu'elles soient conformes au respect qui vous est dû.

Doit-on chercher à corriger plusieurs choses à la fois?

Non, mais les unes après les autres avec douceur et modération. Ainsi je chercherais à corriger un défaut en le remplaçant par la qualité opposée : je ne reprocherais pas à un enfant sa paresse, mais j'emploierais tous les petits moyens pour lui donner le goût d'un travail quelconque.

Est-il bon de reprocher un défaut à un enfant?

Pas trop; il serait fâcheux qu'il s'habituât à

entendre ces reproches et qu'avec insouciance il avouât ce défaut. Il ne faut pas faire bon marché de l'honneur des enfants, on doit lui conserver toute sa délicatesse.

Doit-on s'inquiéter de la légèreté des enfants?

Non, cette vivacité qui fait qu'ils ne peuvent demeurer en place est un effet de la jeunesse; elle passe vite.

Doit-on se familiariser avec les enfants?

On peut se familiariser sans se mettre à leur niveau. Il faut conserver toujours une certaine supériorité.

Inconvénients de la légèreté. — Paresse.

Les enfants n'ont-ils pas des défauts qui paraissent peu sérieux et dont il est bien essentiel de les corriger?

Les enfants sont curieux, légers, dissipés. Ils veulent tout voir, tout entendre, tout connaître, le mal plus encore que le bien.

La légèreté ne nuit-elle pas beaucoup à l'éducation?

La légèreté nuit aux études, à la piété; on ne peut pas compter sur un enfant léger : bon aujourd'hui, demain mauvais, il varie comme le temps. Il n'est pas de plus mauvais présage pour son avenir.

Comment remédier à cette fâcheuse disposition ?

Il faut cultiver chez l'enfant les dispositions contraires : tout ce qui le rend attentif lui est bon. Portez-le à réfléchir en lui faisant des questions, sans gronder, sans morale, mais amicalement, pour le plaisir de causer ensemble. « Pourquoi sommes-nous allés à tel endroit ? lui direz-vous ; qu'avons-nous vu ? Il aurait peut-être mieux valu faire ceci, faire cela. » Portez-le à réfléchir sur les motifs qui l'ont déterminé à agir.

La piété ne sert-elle pas à corriger ces caractères ?

La piété, on ne saurait trop le redire, est utile à tout. Elle porte les caractères légers à faire un retour sur eux-mêmes, à se maîtriser, elle corrige leur étourderie par les idées sérieuses qu'elle leur donne.

De quelle société faut-il garder les enfants légers ?

De la société des gens moqueurs, de ceux qui rient de tout et dont la vie se passe à s'amuser de toute chose. Les enfants d'un naturel léger ne manquent pas de les imiter, et, pour eux, il n'y a plus rien de sérieux dans l'avenir; ils sont toujours de grands enfants.

Pour préserver vos élèves du danger d'agir sans réflexion, quelle maxime pourrez-vous graver dans leur esprit?

Une maxime un peu sérieuse pour eux mais précieuse pour l'avenir : « En toute chose il faut considérer la fin. »

La paresse n'est-elle pas encore nuisible à l'éducation?

Elle lui est très nuisible et peut provenir de la légèreté de l'âge : les enfants sont étourdis, ils aiment jouer, courir plus que travailler; mais elle peut être aussi le résultat de l'éducation molle et énervante qu'on leur donne : les soins excessifs, les inutilités dont on les entoure leur sont nuisibles au physique autant qu'au moral.

Imagination.

Est-il avantageux que les enfants aient de l'imagination?

Oui, car sans imagination ils sont indolents,

sans force, ennuyés, et ne prennent intérêt à rien.

Les enfants dénués d'imagination ne sont-ils pas plus difficiles à élever que les autres?

On ne sait comment les prendre. Leur volonté, comme une masse compacte, se porte tout entière d'un seul côté. C'est l'inertie de la matière.

Qu'est-ce qui est bon à ces enfants?

Tout ce qui les secoue et les fait agir, tout ce qui les excite et les distrait.

Pour donner de l'exercice à leur esprit, de quoi faut-il les occuper?

Il faut les occuper des objets matériels. Les faits ont seuls de la réalité à leurs yeux; les idées purement intellectuelles, ils ne les écoutent ni ne les retiennent.

Comment éviter les écarts de l'imagination?

En la dirigeant au dehors. Donnez aux enfants des choses qui leur plaisent et avec lesquelles ils puissent créer, imiter n'importe quoi; tout ce qui fait travailler leur intelligence et leurs bras leur est bon.

Quand un enfant annonce des goûts intellectuels, ne commet-on pas souvent des fautes à cet égard?

Il arrive souvent que l'empressement à tirer parti d'un goût est cause que nous le tuons. Si un enfant se plaît à dessiner, on l'exhorte d'abord à se livrer à cet exercice, on lui fait honte de l'abandonner; peu à peu la contrainte arrive, et il n'y a plus de plaisir.

Est-il bon de donner à un enfant tout ce qu'il désire pour satisfaire ces goûts-là?

Non, il est des goûts qui se nourrissent de peu et qui languissent dans l'abondance. Si l'enfant a du goût pour l'histoire naturelle, gardez-vous de lui donner à satiété des livres, des gravures, des collections de minéraux; donnez ces choses avec beaucoup d'économie, faites-les désirer.

Comment s'y prendre pour inspirer des goûts aux enfants?

Le mieux serait d'en avoir soi-même, d'associer l'enfant à des plaisirs que nous éprouvions pour notre compte à nous. Les fleurs que vous cultiverez, les abeilles dont vous suivrez les travaux, les variations de la température que vous lui ferez observer au baromètre seront pour lui des objets de grand intérêt.

Quand l'intérêt est excité, que faut-il faire?

Le soutenir sans paraître nous en mêler.

THÉORIE DE L'ÉDUCATION. 125

Souvent nous cherchons trop à entrer en scène. Les enfants aiment leur liberté et nous les fatiguons de notre éducation trop continuelle.

Méthodes. — Imitation.

Doit-on employer dans l'enseignement des méthodes faciles ?

Les méthodes qui abrègent le travail sont précieuses, mais on ne doit pas rechercher celles qui dispensent l'élève de réflexion et d'attention ; ce qui est appris à la volée s'oublie vite.

Le temps de l'élève ne doit-il pas être ménagé ?

Dans le jeune âge, il n'en a que faire, et il est plus difficile de l'employer qu'il n'est utile de le ménager.

Qu'est-ce qui est important dans l'enseignement ?

Il est important d'attendre le temps convenable pour enseigner telle ou telle chose ; il ne faut pas chercher à pousser les progrès. On peut varier l'instruction, éveiller les goûts divers, mais effleurer seulement ; exiger une attention forte, mais courte. Si vous fatiguez l'intelligence d'un enfant vous lui faites plus de mal que de bien.

Est-il bon qu'un enfant travaille seul?

Il est bon qu'il travaille seul quand il travaille avec activité; mais quand il est apathique, ennuyé, il faut le réveiller et l'aider à vaincre les difficultés; le faire étudier.

A quoi faut-il l'habituer?

A travailler vite. Que faire vite soit un mérite égal à celui de bien faire.

Ne remarque-t-on pas chez les enfants une grande diversité d'aptitudes?

Il y a des élèves dont l'esprit est comme bouché pour le calcul, et qui en toutes autres choses se distinguent parmi leurs camarades; d'autres qui priment pour le calcul et qui sont de la dernière faiblesse dès qu'il s'agit d'un travail où il faut raisonner, inventer.

Quel principe doit-on suivre dans l'éducation?

C'est le développement de toutes les facultés que le Créateur a données à la nature humaine.

Doit-on chercher à en développer une au préjudice des autres?

Non, car il n'y aurait plus l'harmonie de l'intelligence qu'on doit conserver et que la nature a voulue.

A quelle condition l'instruction peut-elle réussir?

A la condition qu'elle soit proportionnée au développement naturel des facultés. L'esprit humain n'avance pas par sauts et par bonds; son développement est progressif.

L'enseignement doit-il donc marcher à pas lents?

Oui, à pas lents, tout comme à petits pas. L'instituteur doit isoler les difficultés pour les faire surmonter l'une après l'autre.

Dans l'enseignement, que doit-on éviter?

On doit éviter de donner beaucoup de règles; il faut surtout présenter aux enfants des modèles, des exemples à imiter. Tout ce qui est sec et abstrait leur reste étranger. Ils ne comprennent pas et ne cherchent pas à comprendre.

Le devoir de l'éducation n'est-il pas de prévenir la vanité chez les enfants?

Sans doute, la vanité devient une passion plus ou moins ridicule; mais l'éducation ne doit pas chercher à rendre les enfants insensibles à l'estime d'autrui, elle doit s'appliquer à éveiller le point d'honneur partout où il paraît endormi.

Les enfants ne sont-ils pas tous imitateurs?

Tous ils cherchent à imiter ce qu'ils voient faire; ils répètent ce qu'ils entendent, même sans le comprendre; de là l'importance de ne leur présenter que des modèles parfaits, et d'éloigner d'eux tout ce qui est immoral.

Malgré les précautions qu'on prend, ne voient-ils pas beaucoup de choses déraisonnables, mauvaises?

Comme il n'est pas possible d'éviter cet inconvénient, il faut leur faire remarquer les travers des personnes dont les défauts sont connus et le mépris qu'on a pour elles.

Ne peut-on craindre d'attirer leur attention sur les défauts de ceux qu'ils doivent respecter?

Comme on ne peut espérer de leur fermer les yeux sur les faiblesses humaines, le plus sûr moyen pour les tenir dans le devoir est de leur persuader qu'il faut supporter les défauts d'autrui qui paraissent quelquefois plus grands qu'ils ne sont, qui souvent sont rachetés par de grandes qualités, et qu'il n'en faut pas juger légèrement.

A quoi le penchant à imiter porte-t-il les enfants?

A contrefaire les gens ridicules; c'est ce dont il faut les empêcher au lieu d'en rire comme on le fait souvent.

Quel inconvénient y a-t-il à leur laisser faire ces petites singeries?

L'inconvénient de blesser autrui d'abord, et celui de leur faire contracter des manières moqueuses qui sont l'indice d'une mauvaise éducation.

Inconvénients d'une mauvaise société. Discussions.

Est-il indifférent que les enfants aillent avec toute personne qui les amuse?

Non, il faut éviter qu'ils se prennent d'affection pour des gens sans règle. On s'accoutume à aimer les mœurs et les sentiments des personnes qu'on aime. Le plaisir qu'on trouve d'abord avec les malhonnêtes gens fait peu à peu estimer ce qu'ils ont même de méprisable.

Comment rendre les gens de bien agréables aux enfants?

En leur faisant remarquer ce qu'ils ont d'aimable et bon; mais il ne faut pas s'opiniâtrer à leur faire goûter les personnes déplaisantes.

Les enfants ne remarquent-ils pas les défauts de ceux qui les gouvernent?

Ils sont même très clairvoyants pour cela; le plus sûr est de veiller sur soi-même pour n'y laisser rien voir que de bon : c'est un moyen de perfectionnement personnel. Ce que vous avez de meilleur et de plus pressé à faire, c'est de connaître vos défauts aussi bien que l'enfant les connaîtra.

Qu'est-ce qu'il est bon de faire alors?

Parlez des défauts qui sont visibles en vous et des fautes qui vous auront échappé devant l'enfant, témoignez le désir de vous en corriger. Par là vous éviterez le mépris et le dégoût que vos défauts pourraient lui donner pour votre personne.

Dans l'instruction qu'on donne aux enfants, à quoi faut-il s'attacher?

A leur enseigner des choses qu'ils comprennent. Si la mémoire seule travaille, elle ne retient pas. Ce que l'enfant apprend lui-même, il le sait mieux que ce qu'on lui enseigne. Il en est de même pour l'expérience : celle qu'il acquiert à ses dépens développe ses facultés beaucoup mieux que tout ce qu'on peut lui dire : l'attention, la mémoire, le jugement sont exercés, et les choses qu'il apprend ainsi il ne les oublie pas.

Est-il bon de faire comprendre à un enfant l'utilité de ce qu'on lui enseigne?

Oui, mais ce n'est pas toujours possible; cependant, un garçon peut fort jeune comprendre que pour embrasser telle ou telle carrière il faut avoir fait telle ou telle étude. Une fille comprendra de même qu'elle doit être instruite pour pouvoir un jour gouverner ses affaires et sa maison.

Faut-il raisonner avec les enfants?

Ni trop, ni trop peu. Il n'est pas bon de raisonner quand on exige l'obéissance. Un enfant ne doit ni commander ni être obéi à tout propos, mais il faut qu'il se sente une certaine liberté : raisonner trop avec lui, c'est en faire un raisonneur, un ergoteur insupportable.

Doit-on permettre aux enfants la discussion?

Non, il est bon de causer avec eux mais jamais de discuter. La discussion les met trop sur le pied de l'égalité. Le maître ne doit pas se trouver au niveau de l'élève.

Est-il sans inconvénient de presser l'instruction d'un enfant?

Non, il y a toujours inconvénient à aller trop vite. Notre activité ne peut rien avancer, il faut mettre à toute chose le temps nécessaire. *Chi va piano va sano*, dit le proverbe. Vous aurez, pendant des mois entiers, enseigné inutilement une chose, et tout à coup elle se trouve sue sans que vous puissiez comprendre comment. Il n'est pas d'instituteur qui n'en ait fait l'expérience.

Ne peut-on instruire les enfants par la conversation?

Il y a quantité de choses qui ne s'apprennent que par tradition et de vive voix. On se trompe fort quand on s'imagine qu'il faut aller chercher bien loin de quoi instruire les enfants : les meubles de la maison, les objets dont ils se servent, ce qu'ils voient dans les champs, tout cela peut servir à leur instruction. Quelques explications suffisent pour les intéresser.

Les enfants saisissent-ils les idées générales?

Non, ils ne comprennent que le détail. Les faits particuliers seuls les intéressent; c'est perdre son temps que de leur prêcher les avantages de la sagesse : les beaux discours passent sans laisser de traces, tandis que les enfants écoutent avec attention le récit de tel ou tel fait dont on peut tirer une conséquence morale.

Avis divers.

L'éducation que les enfants reçoivent des personnes et des choses a-t-elle toute la portée qu'on leur suppose?

Non, bien des idées qu'on a cru leur inculquer restent inertes dans leur intelligence; on ne leur fait pas tout le bien qu'on veut leur faire; ils ne reçoivent pas des influences fâcheuses tout le mal que nous redoutons pour eux.

Quand on travaille à les rendre sages et raisonnables, ne faut-il pas le faire avec mesure?

Il ne faut leur demander que la raison et la

sagesse que comportent leur âge et leur caractère, aller en cela progressivement comme en toute chose. Si un jour vous voulez obtenir trop, vous fatiguez l'enfant et le lendemain vous obtenez moins.

Notre autorité sur l'enfant doit-elle être toujours la même ?

L'autorité doit être d'autant plus ferme qu'elle est plus nécessaire à l'enfant ; à mesure que la raison progresse notre autorité doit se retirer jusqu'au moment où elle cesse d'exister et où l'enfant ne nous doit plus que respect et reconnaissance.

Dans la tâche de l'éducation, quel est le premier de nos devoirs ?

C'est le désintéressement. Nous devons ne rien demander pour nous, voilà ce qu'il ne faut pas perdre de vue, et si notre tendresse est quelquefois froissée de l'ingratitude des enfants, gardons-nous de la plainte, la plus dangereuse de toutes les faiblesses, car elle met la supériorité du côté de l'offenseur.

Doit-on parler aux enfants de leurs défauts ?

On ne doit leur en parler que pour les corriger et quand il y a possibilité d'y parvenir; il serait malheureux qu'ils prissent leur parti d'avoir tel ou tel défaut s'imaginant qu'on doit les accepter comme une chose à laquelle on ne peut rien changer.

Quand on donne des leçons de morale aux enfants, de quoi faut-il surtout se garder?

De se démentir par aucun discours ou aucune action contraire; l'essentiel est de soutenir les leçons par l'exemple. Il faut être conséquent avec soi-même.

Travail, Oisiveté.

Est-il bien essentiel de donner aux enfants le goût du travail?

Oui, le travail rend l'homme heureux et aussi l'enfant; il le préserve du désœuvrement, lui donne de l'entrain et de l'énergie, et est bon pour sa santé autant que pour sa moralité.

Quel est le travail le plus utile à l'enfant?

Celui qu'il invente lui-même, comme aussi les imitations des travaux qu'il voit faire. On regarde ses entreprises comme des jeux, mais pour lui c'est très sérieux, et quand il s'en acquitte avec persévérance c'est d'un bon augure. Aussi faut-il lui laisser toute sa liberté, ne pas se mêler de son travail, le laisser tranquille.

Qu'est-ce qui est mauvais pour l'enfant?

L'oisiveté. L'enfant qui ne sait pas s'occuper devient mou, ennuyé, inquiet, exigeant avec tout le monde, il n'est jamais content de personne et se rend insupportable.

Que lui dire pour le faire sortir de son apathie?

On peut lui dire : que deviendriez-vous si personne ne voulait travailler? de quoi vivriez-vous? Et pendant que tout le monde travaille vous voulez ne rien faire? mais vous êtes un être inutile comme un bloc de pierre; comme un bloc on va vous mettre de côté et ne pas s'occuper de vous.

L'obligation du travail n'est-elle pas un bienfait autant qu'une punition?

Outre son utilité matérielle, l'occupation a le grand avantage de nous empêcher de nous replier sur nous-mêmes, elle attire notre attention au dehors. Les gens de la classe laborieuse ne sont pas les plus malheureux : ils portent légèrement les peines de la vie, tandis qu'elles se grossissent pour ceux qui ont des loisirs.

Doit-on user de sévérité avec les enfants pour les faire étudier?

Non; dans les premières années, il faut au contraire les entretenir dans la joie, rire, jouer avec eux, pourvu que l'autorité n'en souffre pas et qu'on ne les agite pas trop.

Quand on enseigne, que faut-il d'abord obtenir de l'élève?

L'attention.

Comment le rendre attentif?

En excitant sa curiosité, en tenant son esprit éveillé par l'intérêt de l'enseignement. C'est le talent du maître.

Qu'est-ce qui nuit à l'attention?

C'est la confusion, le vague, tout ce qui est insignifiant qu'on écoute à peine, ce qui ennuie.

Qu'est-ce qui conserve à jamais aux enfants les connaissances qu'ils ont acquises?

C'est le plaisir qu'ils ont pris à les acquérir. Ce qu'ils ont appris dans un but, bon quelquefois mais étranger à l'étude, ils l'oublient facilement.

Qu'est-ce qui stimule l'application dans les enfants?

C'est le sentiment qu'ils acquièrent de leurs progrès; aussi faut-il louer leurs efforts.

Qu'est-ce qui est mal imaginé?

C'est de les laisser dans l'embarras, de les faire chercher ce qu'ils ne comprennent pas, de les laisser s'ennuyer sur leurs livres. Il faut les aider par quelques indications et leur faire trouver ce qu'ils cherchent.

De quoi faut-il se garder avec eux?

De l'humeur, de l'irritation; il faut se sentir *calme*, en *paix*.

Qu'est-ce qui est très nuisible aux enfants?

Tout ce qui les décourage. S'ils ont un maître trop difficile à contenter, ils se chagrinent, se désespèrent; ils prennent tout en haine, la crainte les empêche de faire un effort.

Comment faut-il instruire les enfants?

Il faut répéter vingt fois la même chose et ne pas gronder.

Qu'est-ce qui facilite plus que tout l'éducation des enfants?

Les sentiments religieux qu'on sait leur inspirer.

Il faut agir franchement avec les enfants. Vanité.

A quoi les enfants sont-ils le plus sensibles?

Aux paroles aigres, à la raillerie, aux allusions blessantes; il faut leur parler franchement, raisonnablement, et ne jamais, pour les corriger, avoir recours aux moyens détournés.

Ne juge-t-on pas quelquefois les enfants sévèrement sur des mouvements inexplicables dont ils n'ont pas la conscience?

Cela arrive : on peut les croire cruels alors qu'ils n'ont qu'un mouvement irréfléchi, qu'un moment d'étourderie.

Pour préserver les enfants de l'orgueil, doit-on chercher à les rendre insensibles à l'opinion d'autrui?

Non; il est naturel à l'homme et à l'enfant de désirer que ses semblables, et en particulier ses parents, aient bonne opinion de lui. Ce serait se mettre en opposition avec la nature et la Providence que de vouloir le contraire.

De quoi faut-il préserver les enfants?

De la suffisance très ordinaire dans le jeune âge; il faut leur faire connaître leurs défauts, leur ignorance, pour les ramener à la modestie. Les enfants sont avantageux ou timides.

Quel est le travers de bien des mères?

C'est de favoriser chez leurs enfants, chez leurs filles surtout, le goût de la parure, l'estime de la beauté extérieure.

Quelle est plus tard la vanité la plus à craindre?

C'est l'amour-propre bien placé, c'est-à-dire l'orgueil d'avoir bien fait, qui a pour conséquence l'adoration de soi-même pour la vie entière.

Que doit-on éviter avec soin?

De presser les enfants, non seulement pour les études mais pour corriger leurs défauts. Se hâter n'est jamais bon; patience et longueur de temps; patience avec les enfants, patience avec soi-même. L'essentiel n'est pas d'arriver plus tôt qu'il ne faut, mais d'arriver à point et en paix, si c'est possible.

De quoi n'est-il pas bon d'user pour corriger les enfants?

Des leçons préparées, des petites scènes arrangées; tout ce qui est artificiel ne réussit guère; les enfants les devinent bientôt et deviennent défiants; il vaut mieux agir avec eux loyalement, ils en sont reconnaissants et flattés.

Quand on punit un enfant, que doit-on considérer ?

On doit considérer moins la faute que l'intention qui l'a faite commettre; et c'est cette intention qu'il faut punir.

Avant de corriger l'enfant, à quoi doit-on songer ?

A se corriger soi-même, et c'est long. Mais il ne faut pas se décourager et rester convaincu que rien ne se fait en une fois; pas plus l'éducation des mères que celle des enfants : rien ne se gagne ni ne se perd d'un seul coup, l'erreur d'aujourd'hui sera réparée demain.

Est il bon d'accorder aux enfants tout ce qu'on accorde à leurs camarades?

Il le faudrait. Si on veut les tenir au-dessous, ils en souffrent et en savent mauvais gré à leurs parents; si on ne peut ou ne veut faire les dépenses que font les autres, il faut éviter que les enfants aient des relations habituelles qui sous d'autres rapports peut-être aussi ne leur conviennent pas.

Goût des enfants pour les histoires.

A quoi tient le plaisir que procure aux enfants la narration des plus simples histoires ?

Il tient à la vivacité des représentations dans leur esprit. Un récit leur fait voir la lanterne magique. Mais il faut se donner de garde d'y rien changer. Ils veulent revoir la même scène, et la moindre circonstance omise ou ajoutée dissipe l'illusion qui leur plaisait.

Doit-on préparer les enfants à l'étude de l'histoire ?

Oui, il faut poser les fondements de cette étude dès l'enfance.

Comment s'y prendre ?

Il faut choisir dans l'histoire les faits les plus éclatants, les plus faciles à retenir, les plus agréables, et les raconter sans s'attacher à aucun ordre de dates ni de chronologie; supprimer tout ce qui sent l'étude et donne de l'ennui. Ce qu'on a appris avec plaisir est ce dont on se souvient le mieux.

Est-il bon de dire aux enfants des noms propres d'hommes, de lieux célèbres ?

Oui, afin que ces noms leur soient familiers

de bonne heure et excitent leur curiosité. Rien ne fatigue la mémoire et n'est désagréable à l'oreille comme de trouver tout nouveau dans l'étude de l'histoire. Pas un nom propre que l'on connaisse : tous semblent barbares.

Dans quel défaut les personnes qui enseignent tombent-elles souvent?

Elles ne s'arrêtent pas assez sur les principes, elles passent trop rapidement d'un sujet à l'autre ; il en résulte une sorte de confusion dans la tête des élèves.

Faut-il répondre à toutes les questions des enfants?

Il faut y répondre quand ils ont envie de savoir ce qu'ils demandent; mais s'ils questionnent pour le plaisir de parler et d'embarrasser, il faut les faire taire.

La curiosité des enfants ne se porte-t-elle pas souvent vers les choses utiles?

Ordinairement, ils questionnent sur ce qu'ils voient : tout est pour eux objet d'instruction.

Peut-on les appliquer longtemps à la même étude?

Non, la variété leur plaît : ils étudient plus volontiers, deux heures durant, quatre matières différentes, qu'une seule pendant une heure; une étude sert de divertissement à l'autre.

Conseils à une bonne.

Que trouve-t-on chez les enfants et chez les bonnes qui s'excusent toujours?

Amour-propre et obstination.

De quel esprit une bonne doit-elle se garder?

De l'esprit de cachotterie qui donne un air mystérieux et qui enlève la confiance. Les petits esprits font mystère de tout, dit-on, et c'est vrai. Pour des riens, ils se renferment en eux-mêmes, s'isolent et éloignent la sympathie.

A quoi une bonne doit-elle éviter d'habituer les enfants?

A critiquer, à blâmer. Les personnes qui veulent se mêler de redresser les autres se font détester.

Doit-on exciter les enfants à parler beaucoup?

Non, les filles surtout; il est rare que les grandes causeuses, qui se croient ordinairement très spirituelles, ne disent pas force bêtises.

La timidité sied-elle à une fille ?

Oui ; la hardiesse à parler de tout, et le plus souvent de choses qu'elle ignore, est un grand défaut.

Une fille peut-elle se permettre de faire des questions ?

Avec une grande sobriété. Questionner ne sied pas à une jeune personne qui doit être réservée et modeste. Pour s'instruire, s'éclairer, elle peut adresser une question à une personne bienveillante et sérieuse ; mais questionner par curiosité est tout à fait inconvenant.

Qu'est-ce qu'une bonne ne doit pas négliger ?

Elle ne doit pas négliger d'apprendre comment se fait chaque chose, et elle doit inspirer aux enfants le désir de l'apprendre aussi. Cet esprit d'examen développe l'attention et le bon sens.

De quelle idée une bonne doit-elle être pénétrée ?

De l'idée qu'il n'y a rien d'utile qu'on n'ait quelquefois besoin de savoir.

Une bonne qui veut être aimée et se rendre agréable à ses maîtres doit-elle se borner à faire son travail ?

Elle doit de plus rendre les services dont

elle est capable, chercher ce qui peut être utile ou épargner de la peine à ceux avec qui elle est.

Doit-elle veiller sur son caractère ?

C'est un point très essentiel : elle doit s'accoutumer à se compter pour rien et à faire son plaisir de tout ce qui peut faire plaisir aux autres.

Doit-elle être accommodante même pour les fantaisies ?

Oui, pourvu qu'il n'y ait point de mal.

De quel travers une bonne doit-elle préserver les enfants ?

De l'habitude de la raillerie. « Ne dites jamais de personne ce que vous ne seriez pas bien aise qu'on dît de vous » : voilà ce qu'elle doit graver dans leur esprit. Par conséquent, elle doit s'interdire à elle-même les railleries piquantes.

Doit-elle se plaindre si elle trouve que ses maîtres n'élèvent pas bien leurs enfants ?

Non, elle ne doit pas se plaindre, ses amies lui donneraient peut-être de mauvais conseils ; toutefois, elle peut consulter une personne sérieuse en qui elle a confiance.

Peut-elle parler des défauts des enfants ?

Elle peut en parler aux parents et à ceux qui ont autorité pour corriger ces défauts, mais en parler à d'autres est une indiscrétion.

.˙.

Qu'est-ce que la bonne ne doit avoir avec personne ?

Elle ne doit avoir avec personne des airs et des rires d'intelligence, chose pitoyable et de très mauvais goût.

Doit-elle épouser les inimitiés de ses parents, ou de ses amis, ou de ses maîtres ?

Non, elle doit toujours conserver des sentiments de charité ; mais pour sa conduite elle doit faire ce que l'obéissance et la prudence lui commandent.

Que penser de cette opinion qu'il faut faire comme les autres ?

Qu'il faut faire comme les autres quand les autres font bien, mais non quand ils font mal.

La bonne ne doit-elle pas conserver aux enfants leurs manières naturelles et ouvertes ?

Elle doit les leur conserver et leur dire qu'il n'y a aucune raison de se cacher quand on n'a pas envie de faire le mal.

De quoi doit-elle les préserver ?

De la sotte manie de parler d'eux-mêmes, ce qui est toujours fort déplaisant.

Quel travers faut-il faire éviter aux bonnes bien élevées ?

Il faut leur faire éviter le travers de se servir de termes recherchés que le plus souvent elles ne comprennent pas, ce qui les rend ridicules. Il faut leur recommander de parler aux enfants simplement, sans phrases.

Si un enfant demande une chose que nous ignorons ou qu'il doive ignorer, que répondre ?

Tout simplement : « Je ne sais pas », ou bien : « A votre âge on ne peut pas tout savoir, il y a tant de choses qu'on ignore. » Il serait bon de les habituer à cette phrase, on aurait une ressource pour répondre aux questions délicates.

Qu'est-ce qui nuit quelquefois à la bonne humeur ?

La fatigue excessive ; aussi faut-il veiller à ce qu'une bonne s'occupe des enfants avec calme, qu'elle évite la lassitude.

Peut-on former une bonne à la simplicité, à la bonne foi ?

Ce n'est pas toujours facile ; mais on doit

tâcher de la former à cette droiture qui va jusqu'à n'être point honteuse de se rétracter quand on a eu tort.

Avec quoi ne faut-il pas confondre la simplicité ?

Il ne faut pas la confondre avec l'indiscrétion. La franchise ne consiste pas à dire beaucoup, mais à dire vrai.

A quoi faut-il prendre garde quand on dit la vérité ?

A ne la point exagérer : ainsi, quand on recommande le silence, qu'il est bon de savoir garder, il ne faut pas prétendre que ce soit un péché de parler de choses inutiles.

Quand un enfant use de détour pour obtenir ce qu'il veut, faut-il lui en faire un reproche ?

Non; mais il faut toujours avoir un motif de refus, montrer qu'on n'est pas dupe, et ne pas fouiller ensuite dans l'intention que l'enfant pourrait nier et qu'on ne pourrait pas lui prouver.

Quand un enfant paraît insensible aux réprimandes ou aux punitions, que faire ?

Il ne faut pas le lui reprocher, ni aller creuser et approfondir s'il se soucie de la réprimande ou s'il affecte de se mettre au-dessus.

Que faut-il éviter quand on reprend?

Les longs discours. Rien n'affaiblit tant la réprimande que la quantité des paroles.

Est-il pratique de chercher la perfection?

Non; il y a peu de chose où il n'y ait quelques inconvénients, et il faut prendre le parti où il y en a le moins.

Contre quoi la bonne doit-elle se prémunir?

Contre les excès de zèle qui la feraient vouloir aller trop vite et aboutissent au découragement. Le caractère d'un enfant ne peut changer du jour au lendemain; les progrès arrivent lentement, peu à peu; il faut suivre la nature qui ne fait rien par bonds et par saccades, mais qui fait tout progressivement et régulièrement.

La bonne doit-elle mettre du soin à enseigner le travail manuel à une petite fille?

Oui, mais elle ne doit pas l'y tenir trop longtemps; il faut aux enfants beaucoup de récréations et de jeux.

Importe-t-il qu'elle fasse le travail à la même heure?

C'est préférable; la régularité calme; l'enfant est inquiet s'il n'a d'autre règle que son caprice.

A quoi la bonne doit-elle s'attacher ?

A traiter d'abord les enfants qu'elle élève avec justice, sans préférence aucune, et puis à développer chez eux l'amour fraternel, ce qui est facile en s'adressant à leur générosité; alors, ils mettent le point d'honneur à avoir des égards, de la politesse les uns pour les autres.

Une bonne peut-elle écrire à ses amies ?

Elle le peut sans doute, mais il est meilleur qu'elle n'écrive que pour le pur nécessaire.

De quoi doit elle se garder ?

De rien écrire qu'elle ne voulût bien qui fût vu de tout le monde.

Instruction des jeunes filles.

Les études prolongées et fatigantes sont-elles sans inconvénients pour les jeunes filles ?

Elles peuvent avoir deux inconvénients : celui de les rendre pédantes ou celui de leur donner le dégoût de l'étude.

Que faut-il persuader aux jeunes filles ?

Qu'elles savent bien peu de choses et que celles qui veulent faire étalage de leur petite science sont ridicules, bien qu'elles ne s'en doutent pas.

De quel travers faut-il encore les garantir?

Du travers d'avoir toujours raison, de soutenir leur opinion avec opiniâtreté.

A quoi faut-il les habituer?

A avouer ingénuement leur ignorance, à trouver facile et commode de céder sans se sentir blessées.

N'est-ce pas une erreur que de chercher à leur faire perdre la timidité?

C'est une grande erreur, car la timidité leur sied bien mieux que la hardiessse. Parler peu, se taire à propos, voilà ce qu'il faut leur apprendre. Rien ne paraît ridicule comme une jeune fille qui veut décider de tout, qui tranche; c'est une orgueilleuse qui veut se faire remarquer.

Que doit-on faire comprendre à une fille?

Qu'il ne faut jamais parler de ce qu'on ne sait pas bien. La hardiesse à parler sans être interrogée est un grand défaut pour les filles.

De quoi faut-il les désabuser?

Des prétentions à l'esprit, de l'envie de faire à tout propos des discours sans fin. Ces grandes parleuses ne se donnent pas le temps de réfléchir, n'acquièrent aucun jugement, et, l'âge aidant, deviennent assourdissantes.

Quelle est la première règle pour bien parler?

C'est de bien penser. Il faut, par conséquent, en prendre le temps et savoir se taire.

Une fille ne doit-elle pas apprendre tout ce qu'il est bon de savoir pour se rendre utile?

Elle doit s'attacher à l'apprendre et ne craindre rien tant que l'incapacité qui rend une femme inhabile à tout et la fait mépriser de ses domestiques.

Une fille peut-elle se permettre de critiquer ce qui n'est pas bien, ce qu'elle n'approuve pas?

Non, l'esprit de critique la ferait détester. Elle doit se montrer accommodante, facile à vivre, et supporter les défauts des autres sans vouloir se mêler de les redresser.

Ce support doit-il être seulement extérieur?

Non, il faut qu'il parte du cœur, qu'il soit charitable.

La charité ne nous indique-t-elle pas une foule de nuances qu'on doit observer dans la société?

Elle est en cela le meilleur guide; ainsi elle

nous fait comprendre que nous ne devons pas nous montrer joyeux avec ceux qui ont des chagrins, que nous ne devons pas faire étalage de notre bonne santé devant les gens maladifs, que nous ne devons pas parler de notre fortune devant les pauvres ou devant les personnes dont la position n'est pas heureuse.

N'est-il pas un ridicule dans lequel il faut éviter de tomber?

Ce ridicule, c'est de parler inutilement de sa famille, de sa parenté, de sa fortune, de tout ce qui flatte l'amour-propre et donne de l'importance dans le monde.

De quoi faut-il se garder encore?

Du ridicule de ceux qui parlent à tout venant de leurs défauts, de leurs bizarreries, croyant ainsi se rendre intéressants ou se faire admirer, et dont la passion principale est de faire parler d'eux-mêmes, de se mettre en scène, de poser.

Défauts que les jeunes filles doivent éviter.

De quels défauts faut-il avoir soin de préserver les filles?

Des défauts qui proviennent du manque de

franchise, tels que l'affectation, la finesse qui leur fait faire de longs discours pour arriver à leur but par des détours.

Comment prévenir ces défauts?

Il faut accoutumer les jeunes filles à parler simplement, à retrancher les paroles inutiles, les compliments exagérés, les flatteries, et leur inspirer du mépris pour les comédies que beaucoup d'entre elles jouent facilement.

Que faut-il encore?

Il faut leur laisser une grande liberté pour exprimer leurs sentiments et faire connaître leurs inclinations.

Que peut-on leur dire pour les convaincre?

On peut leur dire : « Quand on ne veut que ce qu'on doit vouloir, on le désire ouvertement. Qu'y a-t-il de plus commode que d'être sincère, toujours tranquille, n'ayant rien à craindre. Au lieu qu'une personne dissimulée est sans cesse dans l'agitation, obligée de cacher quelque chose et ne sachant souvent comment s'y prendre. »

N'est-il pas essentiel de faire acquérir à une fille une certaine souplesse de caractère?

Il faut qu'elle ait le bon sens de s'accommoder des goûts et des habitudes de ceux avec qui elle doit vivre, ainsi que des occupations qui ne lui plaisent pas.

Quels sont les défauts ordinaires de l'éducation qu'on donne aux filles?

On s'occupe beaucoup de ce qui est agréable, des arts, de la conversation, de la bonne grâce, et peu de ce qui est utile; on ne pense guère à donner de la solidité à leur esprit, à les instruire de tout ce qu'elles devraient savoir pour le bon gouvernement d'une maison, pour conduire leurs affaires.

De quelle délicatesse faut-il les préserver?

De cette délicatesse qui s'attache aux choses de peu d'importance, qui leur fait regarder comme très grave le moindre défaut de politesse, l'oubli de l'étiquette, l'ignorance de la mode.

Que faut-il leur faire voir par diverses expériences?

Qu'on peut toujours tirer quelque instruction des gens les moins éclairés. Les plus rustiques nous sont toujours supérieurs par quelque endroit.

Instruction économique.

Les mères ne doivent-elles pas former de bonne heure leurs filles aux soins domestiques ?

Rien n'est meilleur et plus essentiel que de les y accoutumer ; car comment pourraient-elles commander avec justice et autorité si elles n'avaient aucune connaissance des travaux que leurs serviteurs doivent faire ? Elles pourraient, par leurs exigences mal entendues, devenir leur fléau ou être leur dupe.

A quoi une mère doit-elle veiller ?

A ce que ses filles connaissent le prix du linge, des étoffes, des diverses provisions ; il faut qu'elles sachent ordonner un repas ; qu'elles n'ignorent pas le temps qu'il faut pour le préparer et la quantité de choses qu'il y faut employer. Une maîtresse de maison instruite de toute cela est mieux obéie, plus aimée et plus respectée.

Quelle est l'erreur de bien des mères ?

C'est de dédaigner ces occupations, de les trouver trop communes, de mettre de l'amour-propre à paraître les ignorer.

De quoi doit-on avec soin dissuader les jeunes filles ?

De prendre un ton de hauteur avec les domestiques. On ne doit pas oublier, leur dira-t-on, qu'ils sont nos égaux devant Dieu, nos frères en Jésus-Christ, et c'est manquer de cœur que leur faire sentir leur dépendance. Ils ont des défauts, mais les maîtres en ont aussi.

Ne doit-on pas inspirer aux jeunes filles le mépris de l'oisiveté ?

On leur doit faire comprendre que les domestiques ne sont pas les seuls qui doivent travailler, puisque Dieu a imposé le travail à tous les hommes, mais que chacun, à sa manière, doit mener une vie laborieuse.

Dans l'éducation qu'on donne aujourd'hui aux filles, qu'est-ce qu'on a le tort de négliger complètement ?

Le travail manuel : on s'imagine qu'il suffit de vouloir y être habile pour le devenir; c'est une erreur. Sans doute, une fille dont l'intelligence est développée par l'étude apprend plus vite qu'une enfant élevée rustiquement; mais, pour si adroite qu'elle soit, il lui faut l'exercice. C'est à partir de l'âge de douze ans qu'elle acquiert la dextérité par l'habitude. Si plus tard elle se sent novice, elle ne prendra guère de goût à l'ouvrage.

Quel est l'avantage du travail manuel pour les filles?

Outre l'avantage matériel, il a celui de les mettre à l'abri de l'oisiveté et de l'ennui : l'oisiveté, qui engendre tous les vices, et l'ennui, qui est le père de la tristesse et du découragement, d'où naissent souvent bien des travers et des folies.

Est-il bon d'occuper les jeunes filles aux travaux du ménage?

Oui; coudre, savonner, repasser, faire un peu de cuisine est excellent pour leur donner du bon sens, des talents toujours utiles, souvent nécessaires, et surtout pour développer leurs forces et leur santé.

Qu'arrive-t-il lorsque les jeunes filles sont uniquement occupées de leur instruction?

Elles s'étiolent au lieu de se développer, deviennent nerveuses et anémiques.

Est-il utile de les exercer aux travaux un peu rudes?

Oui, c'est excellent sous tous les rapports : qu'elles balayent, qu'elles fassent les lits, elles en deviendront plus adroites et plus fortes. Dans ces travaux communs, elles acquerront une expérience et un bon sens précoces; elles seront moins sujettes à être trompées par leurs serviteurs et sauront mieux commander.

Serait-il bon de faire des soins du ménage le point principal de l'éducation des jeunes filles?

Non, il y aurait des inconvénients; leur esprit seulement occupé de choses utiles, mais vulgaires, ne se développerait point autant qu'il le pourrait et resterait dans une médiocrité relative. Ainsi, on remarque que ceux qui apprennent à lire tard ont une très grande difficulté; leur intelligence ne s'est appliquée qu'aux intérêts matériels.

Comment pourrait-on concilier toute chose?

Il serait facile de consacrer à l'instruction économique le temps que l'on passe à la campagne; on y apprendrait comment se cultivent les légumes dans le potager, comment on tient la basse-cour, comment on coule une lessive, etc.

Quel avantage y a-t-il à ce que les femmes acquièrent ces connaissances générales?

L'avantage de penser qu'elles peuvent faire ce que toute personne peut faire, qu'il n'est point de travail au-dessous d'elles. Ces idées-là sont d'un grand secours dans les revers de fortune. Mais il faut prendre garde que tout en donnant aux filles de l'estime pour les ouvrages manuels, elles n'y attachent pas trop d'importance et ne se fassent pas un mérite de leur habileté.

En instruisant les jeunes filles de toutes ces choses et en les formant à l'économie, quel défaut faut-il leur faire éviter?

L'avarice, qui en est l'exagération. Il faut leur apprendre à retrancher les dépenses superflues pour pouvoir faire plus largement les dépenses nécessaires ou de charité.

De quoi doit-on se moquer devant elles?

Du travers des personnes qui ont envie de tout ce qu'elles voient et dont l'appartement est encombré de choses inutiles. Montrez-leur à se passer de tous ces riens et à simplifier la vie.

Pour la propreté, à quoi faut-il les habituer?

A ne souffrir dans leur maison rien de dérangé ni de malpropre, à tenir chaque chose à sa place de manière qu'on mette la main dessus dès qu'on la cherche, ce qui est une grande économie de temps. Mais il faut leur dire aussi qu'on doit traiter les petites choses de petites, et que se rendre minutieux, exigeant avec les siens pour l'arrangement ou la propreté de sa maison est une petitesse d'esprit dont il faut se garder.

Talents d'agrément.

Quelle place les talents d'agrément doivent-ils occuper dans l'éducation d'une jeune fille?

Une place secondaire. Il est bon de les cultiver, mais non de les regarder comme la principale affaire. Laisser une enfant s'ennuyer et s'étioler en tapant plusieurs heures sur un piano est mauvais pour la santé et pour le talent lui-même. L'essentiel pour les arts est de les aimer. Si la vanité seule guide dans cette étude, il n'y aura jamais de plaisir ni pour ceux qui écouteront, ni pour l'artiste lui-même. On voit des élèves bien organisés se former seuls, tandis que les leçons à grands frais ne profitent guère à ceux qui ont des dispositions médiocres.

Quels avantages les talents d'agrément peuvent-ils procurer?

Ils peuvent devenir un principe d'union,

rendre les relations agréables. Rien ne rapproche comme un goût commun. Les gens qui n'ont de goût pour rien sont isolés même dans leur famille.

Des talents médiocres ne peuvent-ils pas être utiles ?

Une jeune femme peut, avec des talents médiocres, amuser ses enfants, développer chez eux le goût des arts, donner de la gaieté à son intérieur et faire aimer la vie de famille. Aussi est-ce un grand tort que d'abandonner ou de négliger ces agréables talents.

Comment préserver les filles du goût des amusements ?

Il faut leur donner le goût de l'occupation. C'est l'ennui qui leur fait toujours désirer de s'amuser.

A quoi faut-il les habituer ?

A apprécier les choses à leur juste valeur, à ne pas donner une grande importance à la mode et à mille frivolités dont elles font souvent une affaire.

A quoi faut-il les habituer encore ?

A se mettre au niveau de leur position et de la société dans laquelle elles vivent. Elles reconnaîtront qu'on trouve souvent à s'instruire de choses utiles avec des gens dont l'extérieur et les manières sont peu agréables.

Qu'est-ce que des parents sensés doivent éviter avec soin?

C'est de mettre leurs enfants en rapport habituel avec des enfants d'une condition plus élevée, ou d'une fortune disproportionnée ; ces relations leur donneraient des goûts et des espérances qui amèneraient des déceptions.

La vanité des parents ne leur fait-elle pas rechercher ces relations dans l'idée que leurs enfants acquerraient par là plus de distinction?

S'ils ont cette pensée, ils sont tout à fait dans l'erreur. Le ton et les manières qui ne sont pas en rapport de la position rendent ridicule comme on le serait avec des vêtements mal assortis.

Que doit-on chercher dans l'éducation qu'on donne aux enfants?

On doit chercher à les former en vue de l'incertitude de l'avenir, à leur procurer des connaissances qui les rendent propres à tirer parti d'eux-mêmes dans les diverses situations où ils se trouveront placés. Il ne serait pas prudent de leur donner une direction exclusive et de les élever pour telle ou telle situation qui pourra n'être pas la leur malgré toutes les prévisions.

Quelles sont les qualités qui font le mieux réussir?

Ces qualités sont l'application et l'humilité. L'application, qui rend patient, persévérant, ferme dans la décision; l'humilité, qui donne la sagesse, le jugement, la prudence et le goût qui fait qu'en toute chose chacun garde une juste mesure, se place au point convenable et ne se laisse pas aller aux illusions.

LECTURE

Ne pourrait-on simplifier l'enseignement de la lecture?

On le pourrait. Il faudrait le diviser en deux parties : dans la première, on se livrerait à faire épeler par cœur; il ne serait question ni de lire dans un livre, ni d'apprendre à nommer les lettres. On dirait *b a ba* — *b é bé* — *b i bi* — *b o bo* — *b u bu*, en parlant ou en chantant, selon la fantaisie du moment. Après les syllabes viendraient les mots qu'on ferait épeler de la même manière : *b on bon* | *b on bon* — *bonbon*.

Dans la seconde partie, on mettrait à profit le travail de la première : l'enfant apprendrait à connaître les lettres, à les assembler, à en former les mots et à lire dans un livre. Tous les sons lui étant connus, rien ne lui paraîtrait étranger; il s'apercevrait à peine qu'il est enseigné, il aurait de l'entrain et trouverait à exercer son activité. Ce qui fatigue les enfants, ce qui les accable, c'est l'état passif dans lequel on les tient pour leur apprendre à lire.

Quelle méthode peut-on employer pour faire épeler par cœur ?

On peut faire épeler en suivant l'ordre de l'alphabet sans s'y assujettir ; qu'on commence par : *ba, bé, bi, bo, bu,* ou par *ma, mé, mi, mo, mu,* peu importe.

Quel son les consonnes doivent-elles avoir?

Le son de l'*e* muet. Le *c* se prononce *que*, le *g* se prononce *gue*.

Dans l'épellation par cœur s'occupe-t-on de l'orthographe des mots?

Non, on s'occupe uniquement des sons. La syllabe ne doit être divisée qu'en deux parties, quel que soit le nombre des lettres qui la composent. Exemple : *m ou mou | l in lin — moulin, fl eur fleur*.

A quel âge l'enfant peut-il commencer à épeler?

Il peut commencer dès qu'il prononce les mots. Sa mère ou sa bonne le prend par la main, et, tout en le faisant marcher à la promenade ou ailleurs, en parlant ou en chantant selon l'occasion, elle lui apprend à épeler les syllabes et puis les mots; ainsi elle lui dit : « Epelons le mot maman : *m a ma | m an man — maman.* Epelons le mot jardin : *j ar jar | d in din — jardin.* » On peut donner la leçon en faisant sauter l'enfant sur les genoux. Il ne faut pas lui faire une obligation de répéter ce qu'on lui enseigne ; il apprend à épeler comme il apprend à parler avec la même facilité et la même insouciance : il se plaît à imiter ce qu'il voit faire et à redire ce qu'il entend ; l'essentiel est de ne pas le presser. Qu'il sache lire à sept ans, cela suffit.

LEÇONS RÉCRÉATIVES

PREMIÈRE LEÇON.

MARIE.

Je suis le premier roi d'Égypte et je m'appelle Ménès.

LOUISE.

Je suis reine d'Assyrie et je m'appelle Sémiramis.

THÉRÈSE.

Je suis un grand conquérant et je m'appelle Sésostris.

MARGUERITE.

J'ai fondé la ville d'Athènes et je m'appelle Cécrops.

CLAIRE.

J'ai fondé la ville de Thèbes et je m'appelle Cadmus.

JEANNE.

Je suis roi de Troie et je m'appelle Priam.

ROSE.

Je suis reine de Troie et je m'appelle Hécube.

ADÈLE.

Je suis roi de Mycènes, frère de Ménélas, et je me nomme Agamemnon.

MARIE.

Je suis roi d'Ithaque et je m'appelle Ulysse.

LOUISE.

Je suis fils d'Ulysse et de Pénélope et je m'appelle Télémaque.

THÉRÈSE.

Je suis le plus ancien poète grec et je m'appelle Homère.

MARGUERITE.

Je suis aussi un poète grec et je m'appelle Hésiode.

CLAIRE.

Je suis le grand législateur de Sparte et je m'appelle Lycurgue[1].

JEANNE.

Je suis fondatrice de Carthage et je m'appelle Didon.

ROSE.

J'ai fondé la ville de Rome et je m'appelle Romulus.

ADÈLE.

Je suis roi de Babylone et je m'appelle Nabuchodonosor.

MARIE.

Je suis une femme poète et je m'appelle Sapho.

LOUISE.

J'ai crevé un œil au roi Philippe et je m'appelle Aster.

THÉRÈSE.

Je suis le sage législateur d'Athènes et je m'appelle Solon.

MARGUERITE.

Je suis le riche Crésus, roi de Lydie.

1. Le législateur est celui qui fait des lois.

CLAIRE.

Je suis un philosophe grec, je me nourris de légumes, et je m'appelle Pythagore[1].

JEANNE.

Je suis un philosophe chinois et je m'appelle Confucius.

ROSE.

Je suis un célèbre athénien et je m'appelle Périclès.

ADÈLE.

Je suis un grand historien et je m'appelle Hérodote.

MARIE.

Je suis un célèbre philosophe et je m'appelle Socrate.

LOUISE.

Je suis philosophe, disciple de Socrate, et je m'appelle Platon.

THÉRÈSE.

Je suis général, historien, philosophe, et je m'appelle Xénophon.

---

[1]. Philosophe veut dire : ami de la jeunesse.

MARGUERITE.

Je suis une femme poète et je m'appelle Corinne.

CLAIRE.

Je suis un grand poète grec et je m'appelle Pindare.

JEANNE.

Je suis un savant médecin et je m'appelle Hippocrate.

ROSE.

Je suis un vaillant roi de Sparte et je m'appelle Léonidas.

ADÈLE.

Je suis un célèbre sculpteur et je m'appelle Praxitèle.

MARIE.

Je suis aussi un grand sculpteur et je m'appelle Phidias.

LOUISE.

Je suis un grand peintre et je m'appelle Zeuxis.

THÉRÈSE.

Je suis peintre, j'ai vécu à la cour d'Alexandre le Grand, et on me nomme Apelles.

MARGUERITE.

Je suis philosophe, j'ai eu pour élève Alexandre le Grand, et je m'appelle Aristote.

CLAIRE.

Je suis le plus célèbre orateur athénien et je m'appelle Démosthènes.

JEANNE.

Je suis veuve de Mausole, reine de Carie, et je m'appelle Artémise.

ROSE.

Je suis une courageuse romaine et je m'appelle Clélie.

ADÈLE.

Je suis la mère de Coriolan et je m'appelle Véturie.

MARIE.

Je suis un célèbre général carthaginois et je m'appelle Annibal.

LOUISE.

Je suis un célèbre géomètre et je m'appelle Archimède[1].

1. La géométrie est l'art de mesurer la terre, les distances, les dimensions.

THÉRÈSE.

Je suis roi d'Épire et je m'appelle Pyrrhus.

MARGUERITE.

Je suis la mère des Gracques et je m'appelle Cornélie.

CLAIRE.

Je suis roi de Pont, ennemi des Romains, et je m'appelle Mithridate.

JEANNE.

Je suis le plus célèbre orateur romain et je m'appelle Cicéron.

ROSE.

Je suis reine d'Égypte et je m'appelle Cléopatre.

ADÈLE.

Je suis guerrier, homme d'État, orateur, écrivain, et je m'appelle Jules César.

DEUXIEME LEÇON.

MARIE.

On m'appelait Octave; quand je suis devenu le premier empereur des Romains, on m'a nommé Auguste.

LOUISE.

Je suis le ministre et l'ami d'Auguste, et je m'appelle Mécène.

THÉRÈSE.

Je suis général et conseiller d'Auguste, et je m'appelle Agrippa.

MARGUERITE.

Je suis un grand naturaliste et je m'appelle Pline [1].

CLAIRE.

On me nomme le prince des poètes latins et je m'appelle Virgile.

1. Savant dans les sciences naturelles.

JEANNE.

Je suis un poète latin et je m'appelle Horace.

ROSE.

Je suis un célèbre historien et je m'appelle Tacite.

ADÈLE.

Je suis un grand médecin grec et je m'appelle Galien.

MARIE.

Je suis Zénobie, reine de Palmyre.

LOUISE.

Je suis l'empereur Constantin. Je me suis fait chrétien et j'ai établi le siège de mon empire à Constantinople.

THÉRÈSE.

Je suis le chef des Hérules. En 476, j'ai détrôné Romulus-Augustule, dernier empereur romain. Je m'appelle Odoacre.

CLAIRE.

Je suis empereur d'Orient et je m'appelle Justinien.

JEANNE.

Je suis un célèbre général de Justinien et je m'appelle Bélisaire.

ROSE.

Je suis roi de Perse ; j'ai fait de grandes guerres et je m'appelle Chosroès le Grand.

ADÈLE.

L'ambitieux Mahomet se faisant passer pour prophète fonda la religion musulmane et créa l'empire des Arabes.

MARIE.

Je suis calife d'Orient ; je m'appelle Aroun-al-Raschid.

LOUISE.

Je suis impératrice de Constantinople et je m'appelle Irène.

THÉRÈSE.

Je suis le neveu de Charlemagne et je m'appelle Roland.

MARGUERITE.

J'ai combattu contre les Normands ; je suis le grand-père d'Hugues Capet et je m'appelle Robert le Fort.

JEANNE.

Je suis calife de Bagdad; j'aime les lettres, les sciences. Mon nom est Al-Mamoun.

CLAIRE.

Je suis calife de Cordoue et je m'appelle Abdérame.

ROSE.

Je suis un héros castillan; j'ai vaincu les Maures et je m'appelle le Cid.

ADÈLE.

Je suis duc de Normandie; j'ai fait la conquête de l'Angleterre et je m'appelle Guillaume le Conquérant.

MARIE.

Je suis la mère de saint Louis, roi de France, et je me nomme Blanche de Castille.

LOUISE.

Je suis un prince mongol; j'ai conquis de vastes Etats et je m'appelle Tamerlan.

MARGUERITE.

Je suis Suisse; j'ai rendu la liberté à ma patrie et je m'appelle Guillaume Tell.

JEANNE.

Je suis connétable de France et je m'appelle Bertrand du Guesclin.

CLAIRE.

Je suis une grande reine; on m'a surnommée la Sémiramis du Nord. Mon nom est Marguerite de Waldemar.

ROSE.

Je suis un poète italien; on m'appelle le Dante.

ADÈLE.

Je suis Mahomet II. A la tête d'une armée de Turcs, j'ai pris la ville de Constantinople en 1453, et j'en ai fait la capitale de mon empire.

TROISIÈME LEÇON.

MARIE.

Je suis un navigateur génois; j'ai découvert l'Amérique en 1492, et je m'appelle Christophe Colomb.

LOUISE.

Je suis duc de Bourgogne, constamment en guerre; j'ai été vaincu par les Suisses, à Morat. On m'appelle Charles le Téméraire.

THÉRÈSE.

Je suis vice-roi des Indes; on m'a surnommé le Mars portugais. Mon nom est Albuquerque.

MARGUERITE.

Je suis général espagnol; j'ai vaincu les Maures. Mon nom est Gonzalve de Cordoue.

JEANNE.

Je suis navigateur florentin; j'ai eu l'honneur de donner mon nom au Nouveau-Monde, et je m'appelle Améric Vespuce.

CLAIRE.

Je suis Jeanne d'Arc; j'étais bergère, j'ai délivré Orléans et j'ai été brûlée vive à Rouen.

ROSE.

Je suis courageuse, j'ai défendu Beauvais contre Charles le Téméraire et je m'appelle Jeanne Hachette.

ADÈLE.

Je suis Allemand; j'ai inventé l'imprimerie et je m'appelle Jean Guttenberg.

MARIE.

Je suis reine d'Écosse, j'aime la France, et je m'appelle Marie Stuart.

LOUISE.

Je suis un célèbre navigateur portugais et je m'appelle Vasco de Gama.

THÉRÈSE.

Je suis aussi un célèbre navigateur portugais; mon nom est Magellan.

MARGUERITE.

Je suis le chevalier sans peur et sans reproche, et je m'appelle Bayard.

CLAIRE.

Je suis roi d'Espagne, empereur d'Allemagne, et je m'appelle Charles-Quint.

JEANNE.

Je suis roi de France, contemporain de Charles-Quint, de Léon X, d'Henri VIII, et je m'appelle François Ier.

ROSE.

Henri VIII, roi d'Angleterre, fut un prince cruel qui ne fit que du mal.

ADÈLE.

Je suis de la famille des Médicis ; j'ai aimé les lettres, les sciences, j'ai été élu pape. Mon nom est Léon X.

MARIE.

Je suis un poète italien et je m'appelle l'Arioste.

LOUISE.

Je suis aussi un poète italien ; mon nom est le Tasse.

THÉRÈSE.

Je suis un célèbre peintre et sculpteur italien, et je m'appelle Michel-Ange.

MARGUERITE.

Je suis Italien ; j'ai peint des chefs-d'œuvre ; mon nom est Raphaël.

CLAIRE.

Le Titien, Léonard de Vinci, le Corrège et le Tintoret furent de grands peintres italiens.

JEANNE.

Je suis sculpteur et je m'appelle Jean Goujon.

ROSE.

L'Espagne est mon pays ; je suis l'auteur de *Don Quichotte* et je m'appelle Cervantès.

ADÈLE.

Je suis un poète portugais ; je m'appelle le Camoëns.

MARIE.

Je suis un historien portugais et je m'appelle Albuquerque.

LOUISE.

Je suis un poète anglais et je m'appelle Spencer.

THÉRÈSE.

L'Angleterre est mon pays; je suis un écrivain éminent. Mon nom est Shakespeare.

MARGUERITE.

Je suis un astronome célèbre né en Pologne; mon nom est Copernic.

CLAIRE.

Je suis ministre de Henri IV et je m'appelle Sully.

JEANNE.

Je suis un célèbre astronome danois; mon nom est Tycho-Brahé.

ROSE.

Je suis né aux Andelys; j'étais très pauvre et je suis devenu un grand peintre. On m'appelle Le Poussin.

QUATRIÈME LEÇON.

MARIE.

Je suis cardinal, ministre de Louis XIII, et je m'appelle Richelieu.

LOUISE.

Je suis Italien, cardinal, ministre de France à la mort de Richelieu, et je m'appelle Mazarin.

THÉRÈSE.

Je suis le grand ministre de Louis XIV qu'on appelle Colbert.

MARGUERITE.

Je suis de la maison de Bourbon, j'ai remporté plusieurs victoires, on m'appelle le grand Condé.

CLAIRE.

Je suis un grand général, mon nom est Turenne.

JEANNE.

Je suis un général anglais et je m'appelle Malborough.

ROSE.

Je suis généralissime des armées impériales et je m'appelle le prince Eugène.

ADÈLE.

Je suis un général français et je m'appelle Villars.

MARIE.

Je suis le duc de Vendôme, général français.

LOUISE.

Je suis un grand marin et je m'appelle Duquesne.

THÉRÈSE.

Je suis un des plus célèbres marins français, je me nomme Duguay-Trouin.

MARGUERITE.

Je suis un grand marin, né en Normandie, mon nom est Tourville.

CLAIRE.

Je suis fils d'un pêcheur de Dunkerque, et je suis devenu un grand marin. Je m'appelle Jean Bart.

JEANNE.

Je suis poète, et je me nomme Jean-Baptiste Rousseau.

ROSE.

Je suis une femme poète, et je m'appelle Mme Deshoulières.

ADÈLE.

Je suis poète, on m'appelle Boileau.

MARIE.

Je suis Bossuet, grand écrivain, grand orateur religieux. On m'a nommé l'Aigle de Meaux.

LOUISE.

Bourdaloue, Fléchier, Massillon furent de grands orateurs religieux.

THÉRÈSE.

Je suis évêque de Cambrai, écrivain, philosophe, orateur, et je m'appelle Fénelon.

MARGUERITE.

Je suis le roi de la tragédie, et je m'appelle Corneille.

CLAIRE.

Je suis le second roi de la tragédie, et je m'appelle Racine.

JEANNE.

Je suis un poète comique, mon nom est Molière.

ROSE.

Descartes, Pascal, Mallebranche, écrivains, savants, philosophes, vécurent dans le siècle de Louis XIV.

ADÈLE.

J'ai écrit des lettres que l'on admire, et je m'appelle Mme de Sévigné.

MARIE.

Je suis peintre, on m'a surnommé le Raphaël français, je m'appelle Le Sueur.

LOUISE.

Je suis peintre, j'ai eu pour maître Le Poussin, je m'appelle Le Brun.

THÉRÈSE.

Je suis peintre, et je m'appelle Mignard.

MARGUERITE.

Je suis architecte, et je me nomme Perrault.

CLAIRE.

Je suis architecte, et je m'appelle Mansard.

JEANNE.

Je suis une femme savante, et je m'appelle Mme Dacier.

ROSE.

Je suis un savant anglais, et je m'appelle Newton.

ADÈLE.

Je suis un philosophe allemand, et je m'appelle Leibnitz.

MARIE.

Je suis un célèbre poëte anglais, et je m'appelle Milton.

LOUISE.

Je suis un philosophe anglais, je m'appelle Locke.

THÉRÈSE.

Je suis un navigateur anglais, je m'appelle Cook.

MARGUERITE.

Je suis un célèbre peintre hollandais, mon nom est Rubens.

CLAIRE.

Je suis aussi un peintre hollandais, je m'appelle Van Dyck.

JEANNE.

Je suis un célèbre ingénieur, j'ai fait construire un grand nombre de forteresses, j'ai suivi Louis XIV dans ses campagnes et je m'appelle Vauban[1].

ROSE.

Je suis un très grand mécanicien; j'ai fait des chefs-d'œuvre de mécanique, mon nom est Vaucanson[2].

---

1. Ingénieur, celui qui dirige et conduit des travaux publics, ponts, routes, constructions.
2. Mécanicien, celui qui invente, qui construit les machines.

LA VOYAGEUSE.

(Les enfants assemblés, on tire au sort pour savoir qui jouera le rôle de la voyageuse).

(On a une liste des noms historiques qu'on veut faire apprendre aux enfants. Cette liste, écrite en gros caractères, doit être placée de façon que toutes les élèves y puissent lire à volonté).

La voyageuse se tient debout, les autres sont assises en cercle autour d'elle. Elle écrit au crayon sur un papier, qu'elle tient ensuite caché dans sa main, un des noms inscrits sur la liste. Après avoir salué la compagnie : « Mes bonnes amies, dit-elle, je vais faire un grand voyage et je voudrais un compagnon de route; qui pourrais-je choisir? Donnez-moi un conseil. » Puis, s'adressant à l'une d'elles : « Voyons, Marie, parlez; qui dois-je emmener avec moi? — Coriolan, dit Marie. — Non. — Et vous, Jeanne? — Caton d'Utique. — Non. »

Elle passe ainsi de l'une à l'autre; chacune propose un personnage qui n'a pas été nommé, sans quoi elle donne un gage. Si le tour finit sans que le nom inscrit d'avance ait été trouvé, la voyageuse donne un gage et fait à chacun une seconde demande. Mais si l'une des bonnes amies prononce le nom, la voyageuse montre son papier et cède la place à sa compagne qui donne un gage et devient voyageuse à son tour.

Le jeu, ou la leçon recommence ainsi jusqu'à quatre et cinq fois, à volonté.

Liste dans laquelle les élèves choisissent à leur gré le nom du personnage qu'elles proposent à la voyageuse.

Romulus.
Numa-Pompilius.
Les Horaces.
Les Curiaces.
Tarquin le Superbe.
Junius Brutus.
Tarquin Collatin.

Horatius Coclès.
Mucius Scœvola.
Clélie.
Porsenna.
Coriolan.
Véturie.
Cincinnatus.

Camille.	Marius.
Manlius-Torquatus.	Sylla.
Valérius-Corvus.	Cinna.
Curtius.	Sertorius.
Fabricius.	Spartacus.
Duilius.	Lucullus.
Régulus.	Catilina.
Fabius.	Pompée.
Annibal.	Crassus.
Marcellus.	Jules César.
Scipion l'Africain.	Cassius.
Caton d'Utique.	Brutus.
Paul-Émile.	Cicéron.
Scipion-Émilien.	Octave.
Les Gracques.	Marc-Antoine.
Cornélie.	Lépide.
Métellus.	

CHANSONS INSTRUCTIVES

OLIVIER FLEURI[1].

1. Les enfants, se tenant par la main sur deux lignes, chantent et dansent en avançant et en reculant. Les uns interrogent, les autres répondent.

Oh! combien de grands capitaines,
Olivier, olivier,
Combien de grands capitaines,
Olivier fleuri.

Ils sont courageux et braves,
Olivier, olivier,
Ils sont courageux et braves,
Olivier fleuri.

Voudraient-ils venir nous défendre?
Olivier, olivier,
Voudraient-ils venir nous défendre?
Olivier fleuri.

Prenez ceux que vous voudrez,
Olivier, olivier,
Prenez ceux que vous voudrez,
Olivier fleuri.

Je choisis le sage Ulysse,
Olivier, olivier,
Je choisis le sage Ulysse,
Olivier fleuri.

Et moi, je prends Diomède,
Olivier, olivier,
Et moi, je prends Diomède,
Olivier fleuri.

Voudriez-vous Agamemnon?
 Olivier, olivier,
Voudriez-vous Agamemnon,
 Olivier fleuri?

Agamemnon et Ménélas,
 Olivier, olivier,
Agamemnon et Ménélas,
 Olivier fleuri.

Ne prendrez-vous pas le brave Achille?
 Olivier, olivier,
Ne prendrez-vous pas le brave Achille,
 Avec Patrocle son ami?

Nous prendrons le brave Achille,
 Olivier, olivier,
Nous prendrons le brave Achille,
 Avec Patrocle son ami.

Mais que ferons-nous des autres?
 Olivier, olivier,
Mais que ferons-nous des autres,
 Olivier fleuri?

Nous prendrons encor Philoctète,
 Olivier, olivier,
Nous prendrons encor Philoctète,
 Olivier fleuri.

Laissez-vous l' sage Nestor?
    Olivier, olivier,
Laissez-vous l' sage Nestor,
    Olivier fleuri?

Nous l'emmenons avec les autres,
    Olivier, olivier,
Nous l'emmenons avec les autres,
    Olivier fleuri.

Nous gardons Ajax et Idoménée,
    Olivier, olivier,
Nous gardons Ajax et Idoménée,
    Olivier fleuri.

Vous ne garderez pas Ajax et Idoménée,
    Olivier, olivier,
Vous ne garderez pas Ajax et Idoménée,
    Nous les voulons aussi.

Comment nous préparer à la guerre?
    Olivier, olivier,
Comment nous préparer à la guerre?
    Olivier fleuri.

Préparons-nous en chantant,
    En riant, en dansant.
Préparons-nous en chantant,
    En buvant aussi.

QU'EST-CE QUI PASSE ICI SI TARD?

Deux bandes d'enfants, se tenant par la main, chantent et dansent vis-à-vis l'une de l'autre en avançant et en reculant. L'une interroge, l'autre répond.

PREMIÈRE BANDE.

Qu'est-ce qui passe ici si tard,
Compagnons de la ville d'Athènes?
Qu'est-ce qui passe ici si tard,
Gai, gai,
Dessus le quai?

DEUXIÈME BANDE.

Ce sont de fameux guerriers,
Compagnons de la ville d'Athènes,
Ce sont de fameux guerriers,
    Gai, gai,
  Dessus le quai.

PREMIÈRE BANDE.

Que demandent ces guerriers,
Compagnons de la ville d'Athènes?
Que demandent ces guerriers,
    Gai, gai,
  Dessus le quai?

DEUXIÈME BANDE.

Ils demandent l'hospitalité,
Compagnons de la ville d'Athènes,
Ils demandent l'hospitalité,
    Gai, gai,
  Dessus le quai.

Toutes les fois qu'on nomme un nouveau personnage, l'enfant qui est au bout de la bande fait passer à gauche son voisin de droite et avance successivement jusqu'à l'autre bout.

PREMIÈRE BANDE.

Comment se nomment ces guerriers,
Compagnons de la ville d'Athènes?
Comment se nomment ces guerriers,
    Gai, gai,
    Dessus le quai?

DEUXIÈME BANDE.

Miltiade le premier,
Thémistocle vient ensuite,
Miltiade le premier,
    Gai, gai,
    Dessus le quai.

PREMIÈRE BANDE.

Donnez-nous l' nom des aut' guerriers,
Compagnons de la ville d'Athènes?
Donnez-nous l' nom des aut' guerriers,
    Gai, gai,
    Dessus le quai?

DEUXIÈME BANDE.

Léonidas ne peut être oublié,
Compagnons de la ville d'Athènes,
Léonidas ne peut être oublié,
  Gai, gai,
    Dessus le quai.

PREMIÈRE BANDE.

Quel est le nom des derniers,
Compagnons de la ville d'Athènes?
Quel est le nom des derniers,
  Gai, gai,
    Dessus le quai?

DEUXIÈME BANDE.

Celui-ci est Périclès,
Compagnons de la ville d'Athènes,
Alcibiade est le dernier,
  Gai, gai,
    Dessus le quai.

PREMIÈRE BANDE.

Nous vous donnons l'hospitalité,
Compagnons de la ville d'Athènes,
Nous vous donnons l'hospitalité,
Gai, gai,
Dessus le quai.

Les enfants qui donnent l'hospitalité lèvent les bras en se tenant par la main ; la seconde bande passe dessous.

CÉSAR, PRENDS GARDE!

Quelques jeunes filles sont groupées; César se promène devant elles. Un autre groupe de jeunes filles se tient à l'écart.

LES JEUNES FILLES. (*En chantant.*)

César, prends garde! César, prends garde
De te laisser abattre!

CÉSAR.

Nous n'avons garde, nous n'avons garde
De nous laisser abattre.

LES JEUNES FILLES.

César, prends garde! César, prends garde!
Tu as des ennemis.

CÉSAR.

J'ai vaincu Pompée, j'ai vaincu Pharnace;
Où sont mes ennemis?

LES JEUNES FILLES.

César, prends garde! César, prends garde!
Ils sont tout près d'ici.

CÉSAR.

J'ai conquis la Gaule, j'ai conquis la Gaule;
Quels sont mes ennemis?

LES JEUNES FILLES.

César, prends garde! César, prends garde!
Ils viennent armés de poignards.

CÉSAR.

(Parlé.) Quels sont-ils?

LES JEUNES FILLES.

Cassius, Brutus et bien d'autres encore.

CÉSAR.

Brutus!

César va s'asseoir. Les enfants qui se tenaient à l'écart se jettent sur lui, le frappent. Il se voile le visage avec sa robe ou son tablier.

LES BARBARES.

RONDE.

Les barbares, les barbares, les barbares arrivent!
(*La ronde s'arrête.*)

(*Parlé.*) Quels sont ceux que vous voyez?
— Je vois les Bourguignons, je vois les Suèves, et les Vandales, et les Alains!

(*La ronde reprend.*) Les barbares, etc. (*Arrêt.*)

(*Parlé.*) Quels sont ceux que vous voyez?

— Je vois les Francs, je vois les Angles, et les Saxons, et les Huns!

(*La ronde reprend.*) Les barbares, etc. (*Arrêt.*)

(*Parlé.*) Quels sont ceux que vous voyez?

— Je vois les Hérules, je vois les Ostrogoths, et les Wisigoths, et les Lombards!

(*La ronde reprend.*) Les barbares, etc. (*Arrêt.*)

(*Parlé.*) Pouvons-nous les arrêter?

— Oui, nous le pouvons. A la frontière! à la frontière!

Les jeunes filles se tiennent par la main pour former une barrière. Le groupe des barbares se précipite, force la barrière en criant : « Victoire! victoire! ».

Une des jeunes filles se place au milieu; tout le monde se tait, et, d'un ton solennel, elle dit : « Chute de l'empire romain en l'année 476. »

CROISADE! CROISADE!

RONDE.

Croisade! croisade!
Nous partons tous pour la croisade! (*Arrêt.*)

Voulez-vous suivre Godefroy de Bouillon?
Voulez-vous suivre Godefroy de Bouillon?

Nous voulons suivre Godefroy de Bouillon,
Nous voulons suivre Godefroy de Bouillon.
(*La ronde reprend.*) Croisade! croisade!
Nous partons tous pour la croisade! (*Arrêt.*)

Voulez-vous suivre Philippe-Auguste?
Voulez-vous suivre Philippe-Auguste!

Nous voulons suivre Philippe-Auguste,
Nous voulons suivre Philippe-Auguste,
Et Godefroy de Bouillon.
(*La ronde reprend.*) Croisade! croisade!
Nous partons tous pour la croisade! (*Arrêt.*)

Voulez-vous suivre Richard Cœur-de-Lion?
Voulez-vous suivre Richard Cœur-de-Lion?

Nous voulons suivre Richard Cœur-de-Lion,
Nous voulons suivre Richard Cœur-de-Lion,
Et Philippe-Auguste,
Et Godefroy de Bouillon.

(*La ronde reprend.*) Croisade! croisade!
Nous partons tous pour la croisade! (*Arrêt.*)

Voulez-vous suivre Frédéric Barberousse?
Voulez-vous suivre Frédéric Barberousse?

Nous voulons suivre Frédéric Barberousse,
Nous voulons suivre Frédéric Barberousse,
    Et Richard Cœur-de-Lion,
    Et Philippe-Auguste,
    Et Godefroy de Bouillon.

(*La ronde reprend.*) Croisade! croisade!
Nous partons tous pour la croisade! (*Arrêt.*)

Voulez-vous suivre Guy de Lusignan?
Voulez-vous suivre Guy de Lusignan?

Nous voulons suivre Guy de Lusignan,
Nous voulons suivre Guy de Lusignan,
    Et Frédéric Barberousse,
    Et Richard Cœur-de-Lion,
    Et Philippe-Auguste,
    Et Godefroy de Bouillon.

(*La ronde reprend.*) Croisade! croisade!
Nous partons tous pour la croisade! (*Arrêt.*)

Voulez-vous suivre Baudouin comte de Flandre?
Voulez-vous suivre Baudouin comte de Flandre?

Nous voulons suivre Baudouin comte de Flandre,
Nous voulons suivre Baudouin comte de Flandre,
  Et Guy de Lusignan,
  Et Frédéric Barberousse,
  Et Richard Cœur-de-Lion,
  Et Philippe-Auguste,
  Et Godefroy de Bouillon.

(*La ronde reprend.*) Croisade! croisade!
 Nous partons tous pour la croisade! (*Arrêt.*)

Voulez-vous suivre Thibaut, comte de Champagne
Voulez-vous suivre Thibaut, comte de Champagne

Nous voulons suivre Thibaut, comte de Champagn
Nous voulons suivre Thibaut, comte de Champagn
  Et Baudouin, comte de Flandre,
  Et Guy de Lusignan,
  Et Frédéric Barberousse,
  Et Richard Cœur-de-Lion,
  Et Philippe-Auguste,
  Et Godefroy de Bouillon.

(*La ronde reprend.*) Croisade! croisade!
 Nous partons tous pour la croisade! (*Arrêt.*)

Voulez-vous suivre Dandolo, doge de Venise?
Voulez-vous suivre Dandolo, doge de Venise?

Nous voulons suivre Dandolo, doge de Venise.
Nous voulons suivre Dandolo, doge de Venise,
  Et Thibaut, comte de Champagne,
  Et Baudouin, comte de Flandre,
  Et Guy de Lusignan,
  Et Frédéric Barberousse,
  Et Richard Cœur-de-Lion,
  Et Philippe-Auguste,
  Et Godefroy de Bouillon.

(*La ronde reprend.*) Croisade! croisade!
  Nous partons tous pour la croisade! (*bis*)

LES VICTOIRES.

RONDE.

Nous sommes de vaillants soldats
Qui firent souvent la guerre ;
Nous sommes de vaillants soldats
Que le danger n'effraya pas[1]. (*Arrêt.*)

1. On donne à chacun le nom d'un guerrier.

LA RENOMMÉE[1].

(*Parlé.*) Épaminondas? — Présent.
— Quelles sont vos victoires?
— Leuctres, Mantinée.

(*Tous ensemble.*) Vive la Grèce!

(*La ronde reprend.*) Nous sommes, etc. (*Arrêt.*)

(*Parlé.*) Alexandre le Grand? — Présent.
— Grand roi, quelles sont vos victoires?
— Issus, Arbelles et bien d'autres.

(*Tous.*) Vive la Macédoine!

(*La danse reprend.*) Nous sommes, etc. (*Arrêt.*)

(*Parlé.*) Pyrrhus? — Présent.
Quelles sont vos victoires?
— Héraclée.

(*Tous.*) Vive l'Épire!

(*La ronde reprend.*) Nous sommes, etc. (*Arrêt.*)

1. La Renommée fait l'appel.

(*Parlé.*) Annibal? — Présent.
— Quelles sont vos victoires?
— Sagonte, Cannes, Trasimène.
    (*Tous.*) Vive Carthage!

(*La ronde reprend.*) Nous sommes, etc. (*Arrêt.*)

(*Parlé.*) Scipion l'Africain? — Présent.
— Quelles sont vos victoires?
— Zama.
    (*Tous.*) Vivent les Romains?

(*La ronde reprend.*) Nous sommes, etc. (*Arrêt.*)

(*Parlé.*) Jules César? — Présent.
— Quelles sont vos victoires?
— Pharsale et beaucoup d'autres.
    (*Tous.*) Vivent les Romains!

(*La ronde reprend.*) Nous sommes, etc. (*Arrêt.*)

(*Parlé.*) Octave? — Présent.
— Quelles sont vos victoires?
— Actium.
    (*Tous.*) Vivent les Romains!

(*La ronde reprend.*) Nous sommes, etc. (*Arrêt.*)

THÉORIE DE L'ÉDUCATION. 217

(*Parlé.*) Clovis ? — Présent.

— Quelles sont vos victoires ?
— Soissons, Vouillé, Tolbiac.

(*Tous.*) Vivent les Francs !

(*La ronde reprend.*) Nous sommes, etc. (*Arrêt.*)

(*Parlé.*) Charles Martel ? — Présent.

— Quelles sont vos victoires ?
— Poitiers.

(*Tous.*) Vivent les Francs !

La ronde reprend.) Nous sommes, etc. (*Arrêt.*)

(*Parlé.*) Othon le Grand ? — Présent.

— Quelles sont vos victoires ?
— Augsbourg.

(*Tous.*) Vivent les Germains !

(*La ronde reprend.*) Nous sommes, etc. (*Arrêt.*)

(*Parlé.*) Guillaume le Conquérant ? — Présent.

— Quelles sont vos victoires ?
— Hastings.

(*Tous.*) Vivent les Normands !

(*La ronde reprend.*) Nous sommes, etc. (*Arrêt.*)

(*Parlé.*) Philippe-Auguste? — Présent.
— Quelles sont vos victoires?
— Bouvines.

(*Tous.*) Vive la France!

(*La ronde reprend.*) Nous sommes, etc. (*Arrêt.*)

(*Parlé.*) Louis IX? — Présent.
— Saint roi, quelles sont vos victoires?
— Taillebourg, Saintes, Mansourah.

(*Tous.*) Vive la France!

(*La ronde reprend.*) Nous sommes, etc. (*Arrêt.*)

(*Parlé.*) Charles VIII? — Présent.
— Quelles sont vos victoires?
— Fornoue.

(*Tous.*) Vive la France!

(*La ronde reprend.*) Nous sommes, etc. (*Arrêt.*)

(*Parlé.*) Louis XII? — Présent.
— Bon roi, quelles sont vos victoires?
— Agnadel.

(*Tous.*) Vive la France!

(*La ronde reprend.*) Nous sommes, etc. (*Arrêt.*)

THÉORIE DE L'ÉDUCATION.   219

(*Parlé.*) Gaston de Foix? — Présent.

— Brave duc de Nemours, quelles sont vos victoires?

— Ravenne, précédée de plusieurs autres.

(*Tous.*) Vive la France!

(*La ronde reprend.*) Nous sommes, etc. (*Arrêt.*)

(*Parlé.*) François Ier? — Présent.

— Quelles sont vos victoires?

— Marignan, appelée combat des géants.

(*La ronde reprend.*) Nous sommes, etc.

TABLE

Avant-propos.	VII
Importance de la première éducation.	1
Premières impressions.	4
Dispositions à cultiver.	8
Ce que doit être une bonne.	11
Caresses et gâteries.	16
Gentillesse des enfants, vanité des parents, orgueil.	19
Eviter de flatter les enfants, éviter de les humilier.	23
Pour les filles, pas trop de luxe, pas trop de simplicité. — Eviter l'exagération.	24
Nécessité de l'obéissance. Par quel moyen on peut l'obtenir.	26
Enfants timides et craintifs. — Comment former en eux le sens de la vérité?.	33

TABLE DES MATIÈRES.

Comment préserver les enfants de l'égoïsme?..	38
Enfants colères, enfants boudeurs............	41
Une bonne doit respecter et faire respecter l'innocence des enfants.........................	44
Désœuvrement, occupations..................	46
Comment traiter un enfant qui a peur?........	49
Comment inspirer le sentiment religieux?......	51
Instruction religieuse.......................	54
Comment donner de la piété aux enfants?.....	55
Faut-il s'aider de la religion quand on corrige les enfants?.............................	57
Dans les pratiques religieuses n'y a-t-il pas des défauts à éviter?........................	61
Il faut faire étudier l'enfant modérément......	63
Leçons....................................	69
Sentiments des enfants. — Discussions........	72
Habitudes de respect.......................	74
Punitions.................................	77
Moyens d'éducation........................	80
Former les enfants à la politesse.............	83
Faire comprendre aux enfants que tout le mérite n'est pas dans les formes extérieures........	88
Corrections, récompenses, encouragements, sentiments.................................	90
Malveillance, bienveillance..................	93
Liberté, confiance..........................	96
Jeux. — Moyens de gouvernement............	98
Occupations et distractions..................	101
Il faut tolérer le mouvement continuel des enfants..................................	102
Comment on préserve les enfants de la jalousie.	106

TABLE DES MATIÈRES. 223

Comment il faut traiter les enfants dans diverses occasions...........................	110
Travail. — Bonne volonté.................	113
Elever les enfants avec soin et indulgence......	118
Inconvénients de la légèreté. — Paresse........	120
Imagination.............................	122
Méthodes. — Imitation...................	125
Inconvénients d'une mauvaise société. — Discussions................................	129
Avis divers.............................	133
Travail. Oisiveté........................	135
Il faut agir franchement avec les enfants. — Vanité................................	139
Goût des enfants pour les histoires............	142
Conseils à une bonne.....................	144
Instruction des jeunes filles.................	151
Défauts que les jeunes filles doivent éviter......	154
Instruction économique....................	157
Talents d'agrément.......................	162
Lecture................................	166

LEÇONS RÉCRÉATIVES.

Première leçon..........................	169
Deuxième leçon.........................	176
Troisième leçon.........................	181
Quatrième leçon.........................	186
La voyageuse...........................	192

TABLE DES MATIÈRES.

CHANSONS INSTRUCTIVES.

Olivier fleuri.................................... 195
Qu'est-ce qui passe ici si tard?.............. 199
César, prends garde........................... 204
Les barbares (ronde)........................... 207
Croisade! croisade! (ronde).................. 209
Les victoires (ronde).......................... 214

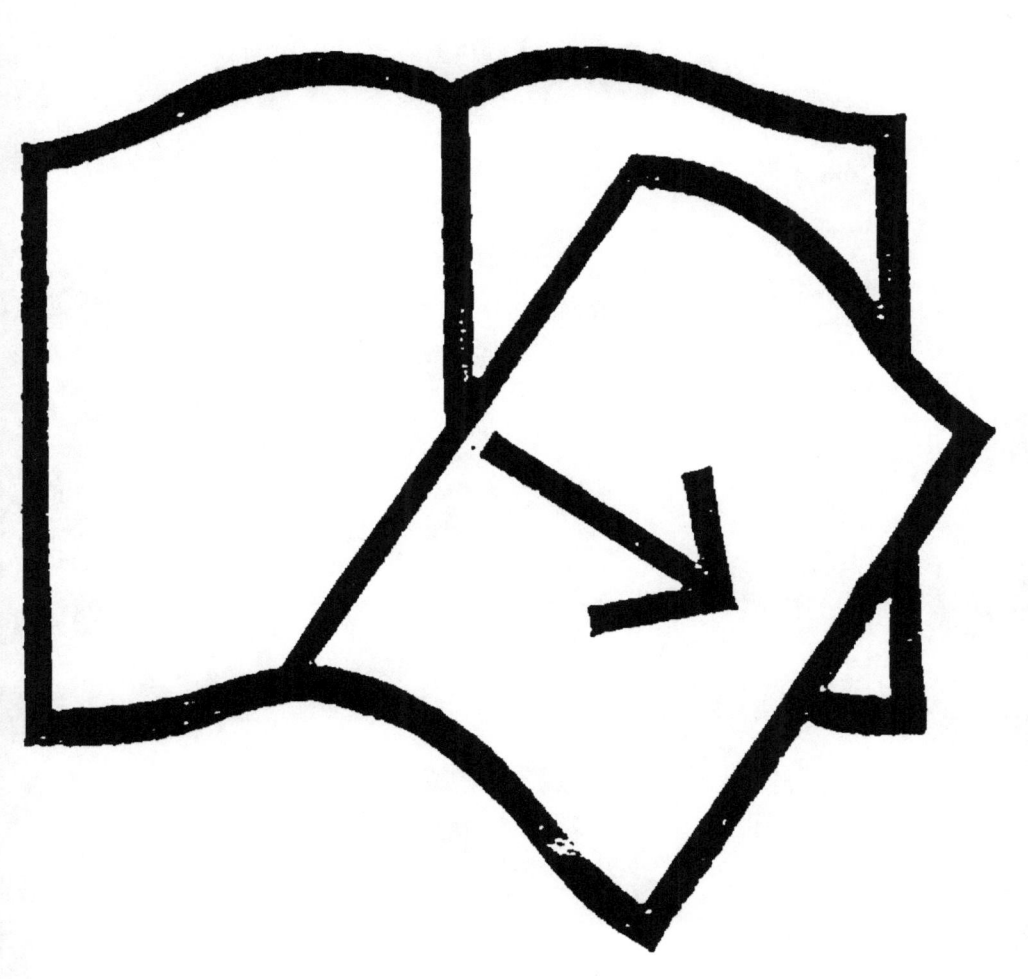

Documents manquants (pages, cahiers...)
NF Z 43-120-13

www.ingramcontent.com/pod-product-compliance
Lightning Source LLC
Chambersburg PA
CBHW061956180426
43198CB00036B/1269